Auszeit für Einsteiger

Die Namen aller Personen, die in diesem Tagebuch vorkommen, sind geändert.

JÜRGEN LENZ

# Auszeit für Einsteiger

32 Tage in einem buddhistischen Kloster in Nepal

Bibliografische Information der Deutschen Nationalbibliothek
Die Deutsche Nationalbibliothek verzeichnet diese Publikation
in der Deutschen Nationalbibliografie; detaillierte bibliografische
Daten sind im Internet über http://dnb.dnb.de abrufbar.

2. Auflage
© 2022 Jürgen Lenz
Lektorat: Benjamin Klemann
Titelbild: Anna Süßbauer (apfelhase.de)

Umschlagdesign, Satz, Herstellung und Verlag:
BoD – Books on Demand
ISBN: 978-3-7392-9013-3

# Inhalt

| | |
|---|---|
| Dank | 7 |
| No killing! | 9 |
| Erste Hilfe | 21 |
| Segen | 31 |
| Waschtag | 38 |
| Be happy! | 45 |
| Schmetterlinge | 50 |
| Gewitter | 55 |
| Stupa | 59 |
| Müll | 65 |
| Der Baum | 71 |
| 100 000 Mantren | 77 |
| Never give up! | 82 |
| Lecker Essen | 87 |
| Schulanfang | 92 |
| Erleuchtung | 97 |
| Husten | 105 |
| Würmer | 109 |

| | |
|---|---|
| Schokolade | 114 |
| Muttertag | 119 |
| Silence is golden | 125 |
| Fluchtversuch | 131 |
| Todestag | 135 |
| Duschtag | 143 |
| Frohe Ostern | 149 |
| Gap | 155 |
| Housefull | 159 |
| Wasser | 162 |
| Verbindung | 165 |
| Messer und Gabel | 169 |
| Kleidersammlung | 171 |
| Alles hat ein Ende | 173 |
| Abflug | 177 |
| Was hinterher geschah | 180 |

# Dank

Benjamin Klemann ließ als geduldiger und aufmerksamer Lektor mit mir noch einmal den gesamten Klosteraufenthalt Revue passieren. Danke, Benjamin, dass Du aus meiner Erinnerung noch einige längst vergessene Details herausgekitzelt hast.

Schon beim Schreiben der ersten Zeilen habe ich mir für das Titelbild ein comicartig gezeichnetes Kloster von Anna Süßbauer ausgemalt. Danke, Anna, dass Du die Zeit gefunden und mir diesen Wunsch erfüllt hast.

Meinem Arbeitgeber danke ich dafür, dass er mir im Frühjahr 2012 das Sabbatical ermöglicht hat.

*Samstag, 24.3.2012*

# No killing!

Ich befinde mich auf dem Rücksitz eines alten Taxis, habe aber nicht die geringste Vorstellung, welchem Autohersteller ich da gerade mein Leben anvertraue. Vielleicht ist es ein alter Honda, ein Mitsubishi, vielleicht aber auch irgendein Modell aus Osteuropa, das man, um es vor der Verschrottung zu bewahren, an allen Behörden vorbei letztlich bis nach Nepal verschifft hat. Eigentlich ist es aber auch ziemlich egal, Hauptsache, es bewegt sich schneller als in Schrittgeschwindigkeit den steilen Hügel hinauf. Mir ist das allemal lieber, als diese Strecke auf einem Esel oder Yak zu absolvieren.

Weiter oben auf dem Hügel muss es sein: das Kloster, das Ziel meiner Reise. Ich frage mich, ob es wohl so aussehen wird wie auf Google Earth. Während sich das sogenannte Taxi weiter den steilen Hügel hinaufquält, fällt mir auf, dass es hier in Nepal nicht eine einzige nur annähernd so gut ausgebaute Straße gibt, wie man es von Europa her gewohnt ist. Zudem springt mir ins Auge, dass zwischen den einzelnen Häusern wenig Platz gelassen wurde und die schmalen Gassen gerade einmal breit genug sind für ein Motorrad oder ein Fahrrad. Auch scheint dieser Teufelskerl von Taxifahrer einer der wenigen Einheimischen zu sein, die in dieser Gegend eine Fahrt zum Kloster anbieten – und hoffentlich sicher ankommen. Permanent muss er sich durch das bunte

Treiben hupen, denn auf den nepalesischen Straßenfeldwegen sind alle gleichberechtigt. So entsteht ein buntes und wildes Durcheinander und letztlich versucht jeder nur, nicht umgerannt oder überfahren zu werden.

Langsam, aber sicher und mit jedem Höhenmeter mehr lichtet sich die Menge und je weiter ich mich vom Flughafen Kathmandus entferne, desto bewusster werde ich mir meiner Situation: Was will ich überhaupt hier, umgeben von fremder Kultur und unterwegs auf Straßen voller Schlaglöcher? Komme ich hier überhaupt wieder lebend raus? Im Gepäck habe ich die im Flieger erlaubten 20 Kilogramm: persönliche Kleidung, Medikamente, weitere Reiseaccessoires, doch vor allen Dingen die Frage, was ich in der noch verbleibenden »Hälfte« meines bisher 36 Jahre andauernden Lebens so Sinnstiftendes anstellen möchte.

Wenig später stoppt das Taxi vor einem großen Tor und es besteht wenig Zweifel meinerseits, dass dies der Eingang zu der Tempelanlage sein muss. Vorsichtig und von der Sonne leicht geblendet, blicke ich aus dem Taxi heraus. Überrascht muss ich feststellen, dass sich direkt neben dem Tor ein Geldautomat befindet, vielleicht ist es ja auch nur eine Attrappe für eine Prüfung: Wer den nutzt, kommt hier schon mal nicht rein!

Das Tor zur Klosteranlage ist im oberen Bereich golden angestrichen und noch weiter oben bewachen es zwei mir unbekannte, ebenso goldene Fabelwesen. Ganz fasziniert von der Skurrilität dieser Figuren, schreckt mich das Hupen des Taxifahrers auf, der sich so anscheinend Zugang zum Kloster verschafft. Im gleichen Moment öffnet sich wie von Geisterhand das große Tor und ein kleiner, streng blickender Wachmann in Kaki-Uniform grüßt förmlich und winkt uns durch.

Wenige Meter weiter stoppt das Taxi erneut, ich zahle artig, steige aus und atme erst einmal tief ein. Um mich herum verschwindet in diesem Moment der Rest der Welt, denn was sich mir hier darbietet, habe ich mir lediglich in meinen kühnsten Phantasien auszumalen gewagt, es ist so etwas wie der Anblick der Zeit in ihrer ganzen Relativität. Noch vor Kurzem war ich in der normalen Welt mit ihren Bewohnern und all dem Lärm, doch hier kann man sich das alles kaum mehr vorstellen. Zwischen den Klostermauern und dem idyllisch anmutenden Innenhof scheinen Bewegungen und Geräusche wie im Sand zu verrinnen, alles steht irgendwie still.

Sofort muss ich daran denken, wie schwierig es werden wird, in dieser Inexistenz eines normalen Ablaufs zu existieren, zumal man hier das Wort »Steckdose« wahrscheinlich nicht einmal buchstabieren kann. Was sich bei diesem Gedanken langsam in mir aufbaut, ist ein Gefühl irgendwo zwischen leichter Panik und ein wenig Angst. Doch was hilft das schon? Sei kein Narr, denke ich mir, so wolltest du es haben, so hast du es monatelang geplant und es wäre ja gelacht, jetzt diesen Ort und deine Situation mit Gewohntem vergleichen zu wollen, mit dem ganzen anderen Mist vom Rest der Welt, mit Handys, Konsum und Maloche bis zum bitteren Ende! Derart in Gedanken verfangen, fällt mir im Innenhof zu meiner Linken ein kleiner Coffeeshop auf. Immerhin ein wenig Service, denke ich, während mir im gleichen Moment ein Schild ins Auge fällt: »**No killing, no stealing, no lying, no sexual conduct, no intoxicants including**

**tobacco!**« Wer's glaubt, denke ich und bevorzuge es als ankommender Tourist erst einmal, meine Residenz zu beziehen.

An der sogenannten Rezeption wird mir gemäß meiner Buchung ein Einzelzimmer mit eigenem Bad zugewiesen, was mich ungefähr 10 Euro am Tag inklusive Vollpension kostet. Natürlich ein Schnäppchen im Vergleich zu den unangemessen hohen Preisen für eine Übernachtung in Köln oder einer sonstigen Stadt in der westlich zivilisierten Welt. Ein Kofferträger nimmt mir mein Gepäck ab und gibt mir ein Zeichen, ihm zu folgen. Es geht eine Treppe hoch, dann wieder eine runter, bis wir letztlich doch noch ankommen. Mein Schlafplatz befindet sich in einem kleinen Haus mit Zimmern auf zwei Stockwerken. Man weist mir im Erdgeschoss die zweite Tür links zu, die ich kurze Zeit später unvoreingenommen öffne und hindurchschreite.

Was sich mir offenbart, ist zwar nicht ganz das Grand Palais, aber alles wirkt sehr sauber und ordentlich. Ein Bett, ein Schrank, ein paar Regale, verteilt auf ungefähr 6 Quadratmeter. Somit unterscheidet sich mein damaliges Leben als Student nicht viel von einem Leben als Asket in einem buddhistischen Kloster, ein durchaus beruhigender Gedanke. Auch das Bad ein ganzer Traum: ein europäisches Pissoir und nicht das von mir stark befürchtete Loch im Boden. Minuspunkte muss ich allerdings für die fehlende Dusche verteilen, da heißt es wohl: Gemeinschaftsdusche. Durch diesen Gedanken leicht verwirrt, stoße ich mir beim Aus-dem-Bad-Treten erst einmal kräftig den Schädel an dem ungefähr 1,70 Meter hohen Türrahmen, für dessen problemloses Durchqueren ich um einiges zu hoch gewachsen bin, was mir der darauffolgende Schmerz deutlich beweist.

Noch ganz benommen, starre ich aus dem kleinen Fenster meiner Unterkunft. Zwischen der Wäsche auf der leider direkt vor meinem Fenster gespannten Leine hindurch lässt sich vage ein Tal erahnen. Ich ziehe kurz den Wechsel in ein Zimmer im höheren Stockwerk dieses kleinen Häuschens in Betracht, von wo aus ich sicherlich problemlos über die Wäsche hinwegblicken könnte, doch lasse schnell von dieser Idee ab, schließlich habe ich ja vor, mich in Genügsamkeit und Verzicht zu üben. Schon im nächsten Moment fühlt es sich seltsam gut an, dieses Zimmer so zu akzeptieren, wie es mir gegeben wurde.

Aus meinem Koffer nehme ich das mitgebrachte mehrlagige, rosafarbene Klopapier und klebe damit zunächst den Türrahmen ab, um mich selbst vor künftigen Stößen dagegen zu warnen, und freue mich parallel über die dadurch erzielte ästhetische Qualifizierung des Raums. Zurück im Bad, fallen mir dann doch zwei an der Wand montierte Drehregler auf, weiter oben, mittig, der dazugehörige Duschkopf und in der Ecke ein Abflussloch. Also doch eine Art Dusche! Oft weiß man nicht wirklich, ob man lachen oder weinen soll. Doch genug davon, aufgeregt verlasse ich mein Zimmer und betrete die Gänge des alten Gemäuers.

Schon auf den ersten Metern begegnen mir relativ viele westlich wirkende Gestalten, deren »Westlichkeit« sich in einer gewissen Ähnlichkeit mit Moderatoren von Astro TV zeigt. Kurzum: eine gewagte Mischung aus Althippies und Aussteigern. Dazwischen erkenne ich aber auch vereinzelt Mönche, teils nahezu schwebend, teils dann doch zu Fuß unterwegs.

Insgesamt besteht das Klostergelände aus verschiedenen Einrichtungen. Es gibt eine sogenannte »Main Gompa«, in welcher die Mönche meditieren, eine »Gompa« für die Gäste, dann die etlichen Gästezimmer, einen Speisesaal und eine Art Coffeeshop mit kleinen Gerichten und einem Tankstellensortiment. Außerdem eine hauseigene Bibliothek und einen Stupa, einen buddhistischen Kultbau. Die Gästezimmer sind auf verschiedene Gebäude verteilt. Es gibt für jeden Bedarf etwas, von wenig luxuriösen Einzelzimmern in einem Neubau bis hin zu unzähligen großen Mehrbettzimmern mit Gemeinschaftsplumsklo in eher alten Gebäuden. Abgerundet wird das Ganze durch dutzende Buddha-Statuen. Diese Informationen entnehme ich zunächst einer kleinen Broschüre, die für jeden Gast bereitliegt. Das Klostergelände selbst befindet sich nicht auf der Spitze des Berges, um ganz nach oben zu gelangen, folgt man vom Kloster aus einem kleinen Pfad, welcher in eine wunderbare Wiese mündet. Von dort aus hat man eine Panoramasicht auf das Tal und die umliegenden Hügel. Oben angelangt, breitet sich vor mir das Kathmandu-Tal aus, eine entfernte Stadt verschwimmt in rauchigem Nebel. Würde man den Stupa von Bodnath nicht sehen, man könnte kaum glauben, in der Nähe von Kathmandu zu sein. Ein unbeschreibliches Gefühl gibt mir in diesem Moment zu verstehen, dass dies in den kommenden Wochen der Ort sein wird, der mich völlig ungestört zu mir selbst kommen lassen wird.

In Vorfreude schwelgend, muss ich dann doch wieder

beginnen, an wesentlichere und weltliche Dinge zu denken, und was ich da denke, lässt mich wiederum nicht los und beunruhigt mich: Nirgends habe ich etwas von Roomservice gelesen und ich beginne mich zu fragen, wer sich denn hier überhaupt um die Reinigung meiner Toilette und meine Wäsche kümmert, ganz zu schweigen von dem Leeren der Mülleimer. Oder gehört das etwa zum Leben eines Klosterbewohners dazu, das selbst zu besorgen? Es offenbart sich mir vage, dass dies wohl wirklich so ist, und es macht sich leichte Panik in mir breit. Früher war so etwas nie nötig gewesen, zuhause gab es Eltern, zu Studentenzeiten kümmerte es ohnehin keinen, am wenigsten mich selbst, und wenig später war eine Putzfrau das Erste, was ich mir von meinem Einkommen leistete. Doch sehen wir es einmal positiv und halten als erste neue Pflicht fest: Ab jetzt ist Eigenverantwortung und Hausarbeit angesagt!

Ich kehre dem Hügel und der prächtigen Wiese zunächst den Rücken und höre bereits auf halbem Weg zurück ins Kloster den Gesang der Mönche aus der Main Gompa. Verstehen tue ich nichts. Ist das Kauderwelsch oder sind es uralte Mantren? Ich habe keine Ahnung. Mich interessiert, ob ich mir dort einfach Zutritt verschaffen darf, denn natürlich möchte ich das alles hautnah erleben, dafür zahle ich schließlich – zugegeben lausige, aber immerhin – 10 Euro pro Tag. Ich vermeide dann trotzdem zunächst eine Störung, schließlich liegen noch ganze 32 Tage vor mir.

Imposant wirkt an der Klosteranlage die große und uralt wirkende Mauer, die das ganze Gelände umgibt und nur durch das eine Tor, durch welches auch ich die

Anlage betreten habe, einen Weg nach draußen freigibt. Diese Konstellation erzeugt in mir gemischte Gefühle: Zum einen vermittelt es mir ein Gefühl der völligen Sicherheit und Geborgenheit, zum anderen denke ich aber auch an Abgeschlossenheit und Abgeschiedenheit vom Rest der Welt. Aber zumindest am ersten Tag habe ich es bis jetzt gemeistert, mich dieser Situation zu stellen und das Gelände nicht zu verlassen. Ich stelle mir vor, was ich nach den bisherigen Eindrücken nach Hause schreiben würde: »Top Anlage, nettes Ambiente, großartige Liegewiese, habe hier alles, was ich brauche!«.

Trotz der Abgeschiedenheit und der allgemeinen Schlichtheit der Ausstattung wird mir hier im Kloster deutlich, wie schmal der Grat zwischen Einfachheit und Hightech ist. Zum einen die Plumpsklos mit Wassereimer zum Abspülen und einem Schwamm für Gott-weiß-was, zum anderen solarbetriebene LED-Scheinwerfer, die nachts den Klostergarten beleuchten. Irgendwie wirkt diese Mischung aus jahrhundertealter Tradition und Moderne äußerst absurd und obwohl ich vermeiden will, alles mit Deutschland zu vergleichen, tue ich das irgendwie doch, was mich allerdings auch nicht stört.

Jeden Tag gibt es mit deutscher Pünktlichkeit um 18:45 Uhr Abendessen. Geboten wird ein Buffet zur Selbstbedienung, bestehend aus Reis und diversen Gemüsesorten. Alles schmeckt wirklich lecker und, ehrlich gesagt, vermisse ich nicht viel. Anschließend bringt man seinen leeren Teller und das Besteck in die Küche und hilft beim Abspülen. Andere Länder, andere Sitten. Natürlich muss man nicht zwangsläufig die festen Essenszeiten einhalten (7:30 Uhr Frühstück, 11:30 Uhr

Mittag, 17:00 Uhr Tee, 18:45 Uhr Abendessen), sondern kann sich auch im hauseigenen Coffeeshop mit Essen à la carte versorgen. Doch der Gedanke, mir in einem Coffeeshop von einem Mönch eine Mahlzeit bringen zu lassen, widerstrebt mir ungemein und ich appelliere erneut an meinen Leitgedanken: Das Leben nehmen, wie es kommt, oder einfacher, gegessen wird, was auf den Tisch kommt – zumindest bis ich wieder deutschen Boden betrete!

Auch für die Gäste gibt es hier eine Meditationshalle, die sogenannte »Gompa«. Auf dem Boden sitzend, soll einem hier von einer Art Rednerpult aus beigebracht werden, wie man sich sachgerecht zu verhalten habe, wolle man seine goldene Mitte finden und sein wahres Wesen erkennen. Insgesamt ist der Innenraum der Meditationshalle sehr faszinierend. Hinter dem Rednerpult befinden sich unzählige goldene Buddha-Statuen und in Vitrinen weitere buddhistische Figuren, die alle bunt geschmückt sind und eine gewisse Fröhlichkeit vermitteln. Vorne in der Halle, deren Dach zu beiden Seiten von roten Säulen getragen wird, thront eine einzige riesige Statue des heiligen Buddha, der sich den Meditierenden lächelnd zuwendet, davor auf dem Boden steht eine bunte Fototafel des noch strahlender lächelnden Dalai-Lama. Sofort bin ich motiviert, diese Halle in sachgerechter Weise zu nutzen. Ich schnappe mir eines der an der Seite ausliegenden Kissen und positioniere mich im Raum.

Um hier zur höchsten Stufe der Vollkommenheit zu gelangen, bin ich natürlich nicht unvorbereitet in dieser geweihten Halle erschienen und habe bereits in Köln einen Vorbereitungskurs in Meditation absolviert. Dort schaffte ich es, 30 Minuten unbewegt zu meditieren, eine wahre Meisterleistung! Bei dieser sogenannten »Urklangmeditation« ging es darum, sich seines eigenen Urklangs, welcher sich nach Geburtsminute und Geburtsort richtet, bewusst zu werden und sich dann haargenau in die damals vorherrschende Schwingung der Welt hineinzuversetzen. Dabei plädiere ich dafür, diese Vorstellung nicht unbedingt esoterisch zu deuten, sondern vielmehr wissenschaftlich-geschichtlich. Wie dem auch sei, dieser Urklang, ein viersilbiges Mantra, soll während einer solchen Urklang-Meditation immer und immer wieder gedanklich Präsenz erlangen und derart die Gedankenwelt nach und nach völlig beherrschen. Gleichzeitig werden alle Gedanken, die Stress und negative Stimmung erzeugen, ausgeblendet. Tatsächlich funktionierte dies damals im Seminar stellenweise hervorragend, ich fühlte mich eine gewisse Zeit lang absolut schwerelos und vergaß meine Körperlichkeit, die ja im Buddhismus immer mit Leid verbunden ist. Fast in Panik, riss ich damals die Augen wieder auf, um mich zu vergewissern, dass ich noch existierte, was zum Glück der Fall gewesen ist. Meditationsexperten nennen diesen Zustand und den Raum, in dem man sich während dieses Zustandes befindet, den »Gap«. Trotz vieler darauffolgender Meditationsversuche habe ich es bis jetzt nicht geschafft, diesen Zustand noch einmal herzustellen.

Nun denn, ein neuer Versuch: Ich setze mich auf den Boden und schließe für 30 Minuten meine Augen. Ich erinnere mich an mein persönliches Mantra und sage es mir im Stillen auf. Die Zeit vergeht wie im Flug, auch wenn mir der Hintern später schmerzt. Nicht schlecht, aber kein Erreichen des Gap, aller Anfang ist eben schwer!

Beim Gang zurück in mein Zimmer entdecke ich auf einer Pinnwand diverse Stellenanzeigen. Tatsächlich suchen zwei buddhistische Einrichtungen in den USA hier im Kloster Personal für diverse Tätigkeiten. Zwar nur einen Hausmeister und keinen Zen-Meister, aber trotzdem klingt dieses Angebot mit freier Unterkunft, voller Verpflegung und ein wenig Taschengeld doch sehr verlockend. Mal sehen, wie ich das in 30 Tagen bewerte.

Zurück in meinem Zimmer, kaue ich zunächst eine paar Kekse und verstreue dabei unbeabsichtigt einige Krümel auf dem Boden. Bei deren Anblick denke ich spontan an meine Putzfrau und wie sie das Ganze morgen früh gekonnt beseitigen wird – bis mir schlagartig bewusst wird, dass ich es ja bin, der hier auf dem Putzplan steht. Während ich überlege, die Keksbrümel am besten liegen zu lassen und einfach nicht weiter zu beachten, erinnere ich mich dann doch meiner heute gefassten Vorsätze – und siehe da, ich halte es selbst kaum für möglich, wenig später krieche ich mit einem Kehrblech in der Hand auf dem Boden herum und fege die zu Boden gefallenen Krümel sorgfältig auf. Wie einfach das war, denke ich, was für ein toller Typ ich doch bin, denke ich auch. Zudem muss ich im Nachhinein zugeben, dass es wirklich nicht viel Zeit gekostet hat und wie toll es sich anfühlt, in einem sauberen Zimmer zu sitzen.

Für viele überraschend, verwandelt sich die Meditationshalle am frühen Abend unversehens in einen Kinosaal. Der antike Schrank beherbergt nämlich nicht, wie vermutet, eine Vielzahl an vergilbten Mantra-Büchern, sondern einen wirklich schicken Fernseher nebst DVD-Spieler. Gemeinsam mit den anderen Gästen schaue ich mir die Dokumentation *Unmistaken Child* von Nati Baratz an, die mich wirklich fasziniert. In dem Film geht es um das Aufspüren der Wiedergeburt des verstorbenen Lamas Geshe Lama Konchog, als welche schließlich ein kleines Kind identifiziert wird. Dieses Kind erkennt nämlich intuitiv alle Gegenstände wieder, die der Lama in seinem Leben benutzt hat. Da dies alles sehr realistisch mit der Kamera begleitet wird, hat man wirklich den Eindruck, dass es hier mit rechten Dingen zugeht, zumal man es hier in diesen Räumen einfach glauben muss! Ein Lama ist übrigens ein tibetischer Lehrer des Dharma, also der Lehre Buddhas und damit der Ethik und Moral.

Langsam, aber sicher breitet sich Müdigkeit in mir aus und als ich gegen 21:00 Uhr genüsslich auf meinem Bett liege, muss ich zugeben, dass mir der Buddhismus, wie er hier zelebriert wird, wirklich gefällt. Ich schlafe zufrieden ein.

*Sonntag, 25.3.2012*

# Erste Hilfe

Am nächsten Morgen fühle ich mich trotz der äußerst harten Matratze und des Umstandes, dass die Länge des Bettes nicht ganz der meines Körpers entspricht, relativ entspannt. Dies verdanke ich allerdings größtenteils der Tatsache, dass ich irgendwann nachts die Entscheidung getroffen habe, meine Beine am einen Ende des Bettes runterbaumeln zu lassen, um nicht dauerhaft gekrümmt liegen zu müssen. Es bleibt abzuwarten, wie sich diese Situation in den nächsten Tagen noch auf mein Gemüt auswirken wird, zumal mir in diesem Moment zusätzlich einfällt, dass ich auch einige Male durch tosendes Hundegebell aus dem Schlaf gerissen wurde und mich, in diesem wunderbaren Dämmerzustand befindend, darüber wunderte, wie viele Hunde es im Kathmandu-Tal doch geben müsse. Der Lärm glich fast einer Orchestersinfonie, bei welcher ein Hund etwas vorgibt und im nächsten Moment alle übrigen darauf einsteigen. Nichts gegen Nepal, aber das sogenannte Isolierglas ist sicherlich eine der wunderbarsten Errungenschaften europäischer Baukunst, das muss ich unter diesen Umständen zweifellos zugeben.

Die von mir im Anschluss auf der wegen ihrer Härte wunderbar dafür geeigneten Matratze durchgeführten Liegestütze lassen mich schlagartig munter werden und führen dazu, dass mein Kopf aufgeregt die anstehenden

Wochen gedanklich zu überfliegen beginnt: Die ersten zwei Wochen werde ich ganz normal im Kloster leben und dabei herausfinden, was es hier überhaupt für Aktivitäten gibt. Ich möchte also zunächst schlicht beobachten und lernen, wie die Mönche ihren Tag verbringen. Im Anschluss möchte ich vermehrt meditieren. Zu diesem Zweck habe ich einen zehntägigen Kurs gebucht, der mich in den Buddhismus und die Meditationstechnik einführen soll. Zum Ausklang werde ich mir dann wieder eine Woche der einfachen Existenz im Kloster gönnen.

Kurz nach der sportlichen Ertüchtigung freue ich mich über eine wunderbar funktionierende Dusche, die mir auf Anhieb warmes und heißes Wasser liefert. Wer hätte damit gerechnet! Vor dem Frühstück meditiere ich noch pflichtbewusst eine halbe Stunde und schaufele mir gierig das nepalesische Porridge rein, im deutschen Sprachraum besser bekannt als Haferschleim, der jedoch im Gegensatz zur weitläufigen Meinung wirklich hervorragend schmeckt.

Außerhalb des Speisesaals springen mir jetzt am zweiten Tag viele Blumenbeete, Schilder und Fußwege ins Auge, die mir zuvor überhaupt nicht aufgefallen sind. Zudem entdecke ich an den alten Mauern diverse Zitate und Sprüche, die dort auf Tafeln und Schildern angebracht sind. Einige davon fotografiere ich, um sie mir später in Deutschland fein säuberlich aufzuschreiben und zu verinnerlichen. Einer meiner Lieblinge lautet folgendermaßen:

**»True Meaning of Life: We are visitors on this planet. We are here for ninety or one hundred years at**

the very most. During that period, we must try to do something good, something useful with our lives. If you contribute to other people's happiness, you will find the true goal, the true meaning of life. His Holiness the 14$^{th}$ Dalai Lama«.

Diese ziemlich erquickende Anleitung zum richtigen Leben klingt wirklich wunderbar romantisch und irgendwie sehr einfach. Es ist schon beeindruckend, worin der Buddhismus die wahren Ziele des menschlichen Lebens erkennt.

Den Rest des Vormittags verbringe ich mit einem Fußmarsch zurück in das Dorf, das ich gestern mit dem Taxi durchquert habe. Ein wenig schäme ich mich schon, dass ich das Kloster bereits am zweiten Tag verlasse, wo ich doch eigentlich vorhatte, die ganze Zeit innerhalb der Mauern zu verbringen. Allzu streng sollte man aber auch nicht zu sich sein und zudem verlasse ich ja den Klosterhügel nicht komplett, sondern nur ungefähr zur Hälfte. Wie um meinen ersten Vorsatz zu bestätigen, bin ich nach der Ankunft in dem kleinen Dorf von der Kulisse auch relativ enttäuscht. Neben ein paar kleinen Läden mit Schokoriegeln und kleinen Tütchen mit Waschmitteln sowie dem Fahrplan für den Bus in die nächstgrößere Stadt gibt es nicht viel zu sehen und so zieht es mich ziemlich schnell zurück in die liebgewonnene relative Einsamkeit der Klosteranlage.

Eines der Highlights des Klosters ist definitiv die hauseigene Bibliothek, in der ich, nachdem ich diese betreten habe, fast den ganzen Rest des Tages verbringe. Vor allem begeistert mich die phantastische Ruhe in diesen Räumen und dazu sind die Sessel wirklich bequem.

So schmökere ich stundenlang in vielen Büchern über Buddhismus und Meditation und erfreue mich an deren Nähe zur Praxis. Tatsächlich erinnern mich viele Beschreibungen an US-amerikanische Ratgeber wie *Men Are from Mars, Women Are from Venus.*

Intensiver widme ich mich zunächst einem Buch, in welchem beschrieben wird, wie man anhand der eigenen Sorgen und Probleme Glück erfahren kann. Ich behaupte, dass, wenn es jemand schaffen sollte, diesen Ratschlägen genauestens Folge zu leisten, er der wohl glücklichste Mensch der Welt wäre, und nehme mir vor, selbst einige der Ideen zu verwirklichen. Die Devise ist dabei relativ einfach: Jedes Problem soll als Chance gesehen werden, seinen persönlichen Stolz zu überwinden und Demut zu zeigen. Näher erklären kann ich das aber irgendwie auch nicht, vielleicht sollte jeder für sich herausfinden, was damit gemeint sein könnte.

Insgesamt erinnert mich der Aufenthalt in dieser Bibliothek sehr an die Zeit meines Studiums. Damals saß ich vor allem in den Phasen vor den Klausuren wochenlang im dunkeln Keller des Hauptgebäudes der Universität zu Köln. Umringt von Büchern, las ich mir tagein, tagaus meine Unterlagen durch und wartete darauf, dass dies alles sich irgendwann in meinem Kopf festsetzen würde, was tatsächlich und zum Glück des Öfteren auch geschehen ist. Unterbrochen wurde das Lernen damals nur durch kurze Besuche in der Mensa. Ich muss doch insgesamt zugeben, dass dies eine herrliche Zeit gewesen ist! Alles schien so wunderbar geregelt und zu meiner Linken und Rechten saßen immer die gleichen Studierenden mit den gleichen Werken und den wahrscheinlich gleichen Gedanken, Zielen und Zukunftsplänen. An alles das zurückzudenken, lässt mich wirklich sentimental werden und dass dies auf solch schöne Weise genau hier passiert, bestätigt mich erneut darin, genau das Richtige zu tun.

Als ich die Bibliothek gegen Abend verlasse, fällt mir auf, dass in der Main Gompa etwas Feierliches vor sich geht. Bei einer sogenannten »Puja« werden von den Mönchen über Stunden gewisse Rituale vollzogen. Das alles ist sehr geheimnisvoll und verbietet sich auch oft der Erklärung durch Worte. Zudem muss ich zugeben, dass ich mit meinem wenigen mitgebrachten Wissen nicht wirklich deuten kann, was genau der Sinn und Zweck dieses buddhistischen Zeremoniells ist. In der Pause begeben sich die Mönche in den Klostergarten und beginnen mit dem zweiten Teil der Zeremonie. Ehrlich gesagt erinnert mich das Ganze ein wenig an das gute alte Plumpsack-Spiel, nur dass die Mönche hier im Kreis um einen Altar herumlaufen, den man Stupa nennt, und nicht heimlich hinter irgendwem einen Plumpsack fallen lassen. Der hauseigene Stupa ist eine mehrere Meter hohe Säule voller vergoldeter Verzierungen, die am Sockel quadratisch ist und nach oben hin spitz zuläuft. Davor ist auf Kniehöhe ein Ring aus verziertem Metall angebracht, der das Umrunden vereinfacht. Ganz am oberen Ende befinden sich ein Halbmond und darunter eine Art Auge, worunter wiederum, eingeschnitten in einen zwiebelförmigen Korpus, eine Buddha-Statue thront.

Alleine das stumme Beobachten dieser Vorgänge führt bei mir zu einer regelrechten Flut an Gedanken. In mir reift jetzt und hier, in genau diesem Moment der Entschluss, auch in meinem eigenen Leben etwas ändern zu wollen und neben meinem normalen Job etwas auszuüben, das wie bei den Mönchen hier einem höheren Zweck dient als dem reinen Broterwerb. Mir wird in diesem Moment schlagartig bewusst, dass ich in meinem Leben trotz der Sicherheit und Bequemlichkeit irgendwie etwas vermisse. Wie aus dem Nichts kommen mir hier diese Gedanken und ich frage mich, warum mir so etwas zuhause bei einem Kreativ-Workshop oder etwa Ähnlichem wohl nie eingefallen wäre ...

Parallel beschließe ich, mich nach meiner Rückkehr nach Deutschland von einigem Materiellen zu trennen, das ich aufgrund meiner Erfahrungen hier durchaus als überflüssig erachte. Im selben Moment erinnere ich mich allerdings daran, dass ich heute für umgerechnet zwei Euro ein Buch der hier ansässigen Nonne Ani Kirsten gekauft habe, welches das sogenannte »Lam Rim« erklärt, eine buddhistische Gebrauchsanweisung für den Pfad der Erleuchtung. Wie passt das zusammen, denke ich. Zum einen möchte ich mein Hab und Gut reduzieren, zum anderen kaufe ich mir hier direkt wieder etwas hinzu. Hätte ich mir das Buch nicht besser leihen sollen? Zudem sind zwei Euro in diesen Regionen ein wahres Vermögen und das Letzte, was ich will, ist hier mit meinem westlichen Wohlstand zu protzen. Andererseits ist es natürlich auch bewusst zum Verkauf angeboten worden, so habe ich diese Anlage sicherlich unterstützt und im Sinne des Buddhismus gehandelt. Ich muss zugeben, dass die Sache mit Geld, Besitz und Angemessenheit insgesamt eine nicht wirklich einfach zu begreifende Angelegenheit ist.

Darüber ein wenig enttäuscht, suche ich mir ein ruhiges Plätzchen auf einer Bank und starre auf das mittlerweile relativ dunkle Klostergelände. Müde bin ich noch nicht, also genieße ich noch ein wenige die Stille der Natur. So denke ich zumindest, denn nur wenige Augenblicke nachdem ich mich gesetzt habe, beobachte ich nicht weit von mir einen mir unbekannten weiteren Gast des Klosters, der aufgrund der Dunkelheit urplötzlich in etwas noch Dunkleres hintritt, das, wie sich wenig später herausstellt, ein relativ großes Loch ist – direkt unter dem »True Meaning of Life«-Spruch des Dalai-Lama. Deutlich höre ich es krachen und knacksen. Ich renne los und beeile mich, der armen Gestalt aus der gemeinen Untiefe herauszuhelfen. Der Unglückliche entpuppt sich als eine blonde Sie mit Namen Sophia, die ich zunächst zusammen mit herbeigeeilten Gästen in ihr Zimmer trage.

Notdürftig verarzten wir den angeknacksten Fuß und hoffen, dass nichts Schlimmes passiert ist. Als große Hilfe entpuppt sich dabei ein gelernter Krankenpfleger aus Langenfeld bei Düsseldorf. Zufälligerweise markiert Langenfeld die Endhaltestelle meiner S-Bahn, mit der ich lange Zeit zur Schule gefahren bin. Es ist doch immer wieder erstaunlich, da trifft man tausende Kilometer weg von Köln jemanden aus Düsseldorf und hilft sich gemeinsam bei der ärztlichen Behandlung einer jungen Frau. Sophia bewohnt das Zimmer schräg über mir und hat deshalb bei Tag sicherlich einen wunderbaren Ausblick ÜBER die Wäscheleine hinunter ins Tal. Was Sophia allerdings nicht hat, sind rücksichtsvolle Zimmernachbarn, denn von nebenan beschwert sich wenig später lauthals eine Dame über die Störung ihres »Retreats« durch unsere zugegebenermaßen etwas lautere Gesprächsrunde. Sich im sogenannten Retreat befindend, schottet man sich oft tagelang von der Außenwelt ab und reist, während man Mantren aufsagt, zu sich selbst, während man sich von nichts aus der Außenwelt ablenken lässt.

Das klappt gerade wohl nicht so gut, denke ich, als die Dame aus dem Nachbarzimmer bereits das Zimmer betritt, sich aber im nächsten Moment kleinlaut entschuldigt, sie habe ja keine Ahnung gehabt, dass es sich hier um eine Verletzte handelt, sondern dächte vielmehr an eine Art spontane Fete, was hier natürlich absolut fehl am Platz sei. Als Entschuldigung gibt es wenig später bei ebenfalls spendiertem Kerzenlicht Süßigkeiten für alle. Über die darüber aufkommende Stimmung wiederum erbost, öffnet sich wenig entfernt eine weitere Tür und bittet unsere mittlerweile noch heiterere Gesprächsrunde um ein wenig mehr Rücksicht, das sei ja hier schließlich keine Jugendherberge und habe man denn überhaupt mal auf die Uhr geschaut?

An diesem einzigen Abend habe ich auf Anhieb fünf Deutsche kennengelernt, die hier alle so ungefähr dasselbe suchen wie ich, nennen wir es mal innere Ruhe und bewusste Gedanken. Ich verstehe mich mit Sophia auf Anhieb richtig gut und erfahre, dass sie gerade ein Fernstudium zur Entspannungspädagogin absolviert. Ich werde tatsächlich ein wenig neidisch: Nach diversen Projektleiterzertifizierungen und Rhetorikkursen mit allen erdenklichen Schwerpunkten reizt mich die Vorstellung einer derartigen Fortbildung ungemein und ich fühle mich durchaus inspiriert. Mit einer solchen Ausbildung kann ich wirklich Sinn stiften. Natürlich muss ich mich, zurück in Deutschland, erst einmal genauer per Internet darüber informieren, hier ziehe ich es erst einmal vor, das Internet weiterhin zu meiden. Ich erfahre zudem, dass Sophia nur noch bis zum nächsten Samstag bleiben will, und tausche zu aller Sicherheit meine Adresse mit ihr aus.

Ich leihe Sophia wenig später noch 25 Dollar für das Krankenhaus, denn leider lässt der Schmerz nicht nach und in diesem Fall bringt es wohl auch nichts, sich auf buddhistische Art mit seinen Problemen anzufreunden. Als Hinweis auf die 25 verliehenen Dollar klebe ich, nachdem zwei Mönche Sophias Abtransport organisiert haben, an ihre Zimmertür noch einen mitgebrachten Dauerlutscher und füge meinen Namen als Absender hinzu. Die Dauerlutscher sind ein Geschenk meiner Arbeitskollegin Gertrude, welche mir drei Stück davon auf die Reise mitgegeben hat, wohl genau für solche Zwecke. Wie ich es ihr damals versprochen habe, dokumentiere ich den Gebrauch des Lutschers genauestens in meinem Tagebuch.

Zurück in meinem Zimmer, fällt mir plötzlich mit Erschrecken auf, dass ich doch wirklich seit gestern dieses blöde Tommy-Hilfiger-Shirt trage, was mir jetzt im Rückblick auf Sophia und die anderen wirklich ein wenig peinlich ist, und notiere dies sofort in meinem Tagebuch:

*Learning: Ich brauche hier keine Markenklamotten mehr. Meine Hilfiger-Shirts sind peinlich. Ich werde künftig lieber meine überflüssigen Habseligkeiten verschenken. Das macht mehr Spaß, als neue zu »shoppen«.*

Leider muss ich feststellen, dass ich in meinem Koffer fast ausschließlich Tommy-Hilfiger-Shirts habe, da diese damals in den USA im Outlet so spottbillig waren und ich einfach nicht verzichten konnte, mittlerweile würde ich mich natürlich ganz anders verhalten. Ich muss in der Yoga-Fraktion wirklich schön aufgefallen sein in den letzten beiden Tagen und werde daran wohl auch für die restliche Zeit meines Aufenthalts nicht viel ändern können. Im Bett liegend, sinne ich über die Möglichkeit nach, mir meinen Bart bis zum Gürtel wachsen zu lassen, um diese auffälligen, viel zu großen »Hilfiger«-Aufschriften zu verdecken, und beruhigt über diesen grandiosen Geistesblitz schlafe ich auch am zweiten Tag erschöpft, aber zufrieden ein.

*Montag, 26.3.2012*

# Segen

Glücklich stelle ich am nächsten Morgen fest, dass ich mich an die etwas härtere Matratze und das zu kurz geratene Bett schnell gewöhnt habe, und denke erneut darüber nach, warum ich in Deutschland permanent dem Luxus hinterherlaufe, wo es doch anscheinend auch ganz ohne geht.

Ausgeschlafen und topfit starte ich in den Tag, muss aber leider zunächst erfahren, dass Sophia wegen eines Bänderrisses noch heute wieder nach Deutschland zurückgeflogen wird, da es anscheinend in ganz Nepal keine Kernspin-Tomographie gibt. Man will auf typisch deutsche Art lieber auf Nummer sicher gehen und sie in der Heimat fachmännisch behandeln lassen. Auf ebenfalls ganz deutsche Art ist es natürlich jetzt kein Problem, sofort mit einem Flieger in die Heimat zu starten, wohingegen ein Nepalese bei einem Bänderriss wohl den Rest des Lebens mit einem Klumpfuß verbringen müsste. Andererseits würde ein Nepalese wohl auch nicht leichtsinnig in ein Loch stolpern, schließlich sind die Einwohner hier an gefährliche Fußmärsche durch unwegsames Gelände gewöhnt.

Aufgrund eines Hinweises von Melanie und ihres Bekannten Sebastian, die ich gestern Abend in unserer »Verarztungsrunde« kennengelernt habe, lande ich wenig später in einer »Longlife Initiation Puja«, die in der Main Gompa stattfindet. Mitten zwischen durchweg jüngeren nepalesischen Mönchen sitzend, versuche ich konzentriert den Gesängen der Mönche zu lauschen und den diversen Anweisungen an die Teilnehmer möglichst Folge zu leisten. Ich stelle mich dabei wohl relativ dämlich an, kein Wunder, verstehe ich doch kaum etwas von dem, was da erzählt und gemacht wird. Da ich eh nichts mitbekomme, schwindet mein Wille zum Mitmachen zusehends und ich beobachte letztlich nur noch die jungen Mönche bei ihrem bunten Treiben, das mich ehrlich gesagt eher an eine Situation in einem Ferienlager erinnert als an eine Sitzung in einer Gebetshalle. Es wird getrunken und gegessen und bei milchigem Tee, Reis und Teigwaren vor allem Wert auf das gemeinsame Durchführen dieser Handlung gelegt. Nach dieser Art Einstimmung folgt eine Segenszeremonie, bei der man sich einen eigens mitgebrachten Schal, »Khata« genannt, vom ansässigen Lama segnen und um den Hals legen lässt. Als Gegenleistung gehört sich eine kleine Spende in Form eines Geldscheins in einem Umschlag, den man nicht weit weg vom Lama auf einen Haufen legt.

Natürlich möchte auch ich gesegnet werden und während sich alle in einer Schlange anstellen, eile ich schnurstracks zum Coffeeshop, wo ich mir für umgerechnet 25 Cent einen weißen Schal und einen Briefumschlag kaufe. In diesen packe ich einen 100-Rupien-Schein (umgerechnet etwas mehr als ein Euro) und kehre zurück in die Main Gompa, wo sich die Länge der Warteschlange zwar reduziert hat, aber zu meiner Erleichterung immer noch existiert. Während ich anstehe, fällt mir ein Mönch auf, der sich, mit einem phallusartigen Wachsgegenstand wedelnd, durch die Menge bewegt und diesen jedem Anwesenden kurz auf den Kopf legt. Wahrscheinlich ein weiterer Segen, doch die genaue Bedeutung bleibt mir rätselhaft. Die Warteschlange vor dem Lama lichtet sich langsam und endlich bin ich an der Reihe. Als ich so vor dem Lama stehe, entdecke ich neben dem Stapel für die Spenden dummerweise noch einen zweiten Stapel mit einem Foto des Dalai-Lama, wo anscheinend ebenfalls Umschläge abgelegt werden. Derart in der Bredouille, lege ich hektisch auf den einen Stapel den Briefumschlag mit den 100 Rupien und auf den Stapel für den Dalai-Lama weitere 100 Rupien direkt aus der Hosentasche, allerdings ohne Umschlag. Schnell halte ich dem aus nächster Nähe wirklich sehr charismatischen Lama meinen Schal hin und zack, gesegnet bin ich! Das alles geschieht in Form einer schnellen Handbewegung und eines Spruches, den der Lama ergreifend vor sich hinmurmelt. Ich lege mir den gesegneten Schal um den Hals und fühle mich blitzartig wunderbar erhaben.

Diese Erhabenheit hilft allerdings nicht gegen meinen langsam unangenehm werdenden Hunger und mir fällt auf, dass die Puja nun schon fast vier Stunden andauert. Ich habe allerdings das Gefühl, als wäre diese bereits seit Tagen im Gange. Wenn sich derart Stunden wie Tage anfühlen, dann wird sich mein gesamter Aufenthalt subjektiv wie ein paar Jahre anfühlen. Ein durchaus positiver Effekt, diese Verlängerung der Lebenszeit, denke ich, während ich mich gemächlich und gesegnet Richtung Speisesaal aufmache, um dort meine Mahlzeit zu empfangen.

Nach dem spät eingenommenen Frühstück versuche

ich das heute Morgen Erfahrene in meinem Tagebuch festzuhalten und notiere mir zudem einige wesentliche Gedanken, mich und meine Zukunft betreffend. Zudem mache ich mir wenig später grundlegende Gedanken zu meiner Situation und meiner Person an sich und versuche mich zu verorten. Weder gehöre ich zu der Gruppe der sogenannten Anzugträger, von denen ich viele auf der Hinreise im ICE gesehen habe, noch gehöre ich wirklich zu der Gruppe der Aussteiger im Astro-Look, von denen ich hier vielen begegne. Wahrscheinlich ist es wirklich an der Zeit, dass ich mich entscheide, wie ich den Rest meines Lebens verbringen möchte, und zudem, welche Umgebung ich mir dafür auswähle. Eigentlich habe ich gerade das starke Gefühl, dass ich meine Zeit dem Weg der Erleuchtung widmen möchte, aber irgendwie auch nicht ganz in dieser religiösen Weise, die von mir fordert, bedingungslos an buddhistische Sachen wie Hungergeister oder die heiße Hölle zu glauben. Dinge wie das Erlernen und Befolgen gewisser Tugenden und der Verzicht auf die weltlichen Belange und Begehren sagen mir wiederum wirklich zu. Ich möchte mich darin üben und auch anderen Menschen davon berichten und bei der Umsetzung solcher Wünsche helfen. Diese Aufgabe fordert allerdings sehr viel Konzentration und eiserne Disziplin. Zudem muss ich mich dafür noch mit einer Menge an buddhistischer Theorie beschäftigen, und das sicherlich für eine ganze Weile. Trotzdem möchte ich zumindest hier im Kloster diese Aufgabe annehmen und aktiv an der Verwirklichung arbeiten.

Derart in Gedanken schwelgend, das Tagebuch vor mir ausgebreitet, klopft es plötzlich an meiner Zimmertür und vor mir steht der Typ, der sich gestern über den späten Lärm in Sophias Zimmer beschwert hat. Sein Verhalten bereuend, entschuldigt er sich bei mir auf einer durchaus materiellen Ebene, was mir aber in dem Fall egal ist, da die Schokolade sehr gut schmeckt.

Wenig später finde ich die Zeit, mich ausführlich mit Melanie und Sebastian zu unterhalten. Das Kloster bietet dabei den perfekten Ort für intensive Gespräche: Kein Handy klingelt, kein Verkehr rauscht vor dem Fenster vorbei und es herrscht nicht permanent der Drang, den Mailaccount abzurufen oder im Internet dies oder das zu googeln. Zusammengefasst: Keine weltliche Sorge weit und breit! Zudem motivieren mich die intime Atmosphäre dieser Anlage und das gemeinsame Erleben derselben zum Austausch durchaus persönlicher Gedanken. So kenne ich mich eigentlich überhaupt nicht und bin deshalb ein wenig überrascht, wie schnell ich mit Melanie und Sebastian auf einer Wellenlänge bin und wie intensiv sich unser Gespräch entwickelt. In Deutschland arbeitet Melanie im Vertrieb von medizinischen Produkten. Sie kommt gerade vom Trekking im Himalaya. Hier im Kloster gönnt sie sich noch ein wenig Ruhe, bevor es zurück nach Deutschland geht. Sebastian ist ein sogenannter Aussteiger. Seit mehr als zwei Jahren gönnt er sich mehrere Monate im Jahr einen Aufenthalt in Indien oder Nepal, dafür geht er die restlichen Monate in Deutschland hart in einer Fabrik arbeiten. Sebastian ist etwa 40 Jahre alt und hat keine eigene Familie, keine Freundin, keine Kinder. Er verbringt die meiste Zeit am Tage damit, sich selbst zu finden und den Sinn seines Lebens zu suchen. Er hört sich dafür jeden Tag stundenlang Teachings auf seinem MP3-Player an und fühlt sich dann einfach nur glücklich, wie er überzeugend und freudestrahlend sagt. Ein Retreat hat er auch schon gemacht, da musste er über Wochen hinweg jeden Tag immer wieder Wasser in Schalen füllen und wieder leeren und dabei Mantren aufsagen. Für mich klingt das alles sehr aufregend und inspirierend. Auch ich möchte mich einfach mal glücklich fühlen. Dazu würde ich vermutlich nicht tagtäglich Teachings hören oder Wasser schöpfen, sondern einfach die Füße hochlegen und in der Gegend rumgucken, da hätte ich Lust drauf. Die Tatsache, nur ein paar Monate im Jahr arbeiten zu müssen, reizt mich ungemein. Aber natürlich muss man auch das Glück haben, dass der eigene Beruf einen derartigen Lebensstil zulässt, was bei mir eher nicht der Fall ist.

Ich verabschiede mich kurze Zeit später und beschließe, heute etwas früher ins Bett zu gehen, um dort noch etwas im Lam-Rim-Handbuch zu lesen. Sehr praxisnah wird darin beschrieben, wie man Verantwortung für sein eigenes Handeln übernimmt. Im Gegensatz zu den christlichen Lehren appelliert der Buddhismus dabei viel intensiver an die Person selbst und ruft diese zum aktiven Auseinandersetzen mit der Welt auf. Während der Christ immer zu Gott spricht und sich passiv Dinge wie »Lass die Menschen in Afrika nicht mehr hungern« wünscht, ist ein Buddhist vielmehr aufgefordert, persönlich, und sei es auch nur im kleinen Rahmen, etwas an der Situation zu ändern. Im Buddhismus gibt es halt keinen Gott, der das für einen machen könnte.

Als Fazit aus der Lektüre halte ich für mich fest, dass ich ab sofort eigenständig mehr gutes Karma sammeln möchte, ohne mich auf jemand anderen zu verlassen oder mich vom Handeln anderer zu sehr abhängig zu machen. Ich verstehe nun auch endlich, warum ich so oft so viele Sorgen habe: allein aus Angst vor Verlust und aus Stolz und Eitelkeit. Ich nehme mir vor, diese negativen Eigenschaften in meinem normalen Leben (wie das schon klingt) auf jeden Fall abzulegen oder es zumindest aktiv zu versuchen.

Mit der Zeit werden meine Augen kleiner und ich spüre, wie sich Müdigkeit in mir ausbreitet. Gute Nacht, Nepal, gute Nacht, liebe Hunde, euer Gebell kommt mir in seiner Gleichmäßigkeit fast wie Meeresrauschen vor. Gute Nacht, du Tag voller Selbsterkenntnis, mögen deine Lehren mich beflügeln und mir die Kraft verleihen, ein gutes und zufriedenes Leben zu führen!

*Dienstag, 27.3.2012*

## Waschtag

Am nächsten Tag wasche ich nach einem ausgiebigen Frühstück zum ersten Mal in meinem Leben meine Kleidung mit der bloßen Hand. Tatsächlich fordert dieser Vorgang diverse Vorbereitungen und ist nicht mal eben so erledigt, also eigentlich das Gegenteil von Wäsche in die Maschine und Knöpfchen drücken. Zuerst schnappe ich mir einen Eimer, fülle diesen mit warmem Wasser, gebe einen Streifen »Rei in der Tube« dazu und quirle das Ganze ordentlich auf, bis es schäumt. Die in dieses Bad gelassenen Klamotten muss man dann feste durchkneten, was einen ganz schön ins Schwitzen bringt. Das Ganze erinnert mich ein wenig an das Teigkneten beim Kuchenbacken und ähnlich braun wie der Teig wird dann auch langsam das Wasser im Eimer. Als Nächstes kommt der Knäuel Wäsche, der ein ganz schönes Gewicht hat, in einen weiteren Eimer, in welchem er ein wenig abtropft. Draußen vor meinem Zimmer gibt es eine große Waschstelle mit mehreren Hähnen, wo ich das schmutzige Wasser hinschütte und beobachten kann, wie es sich entlang eines rostigen Abflusssystems langsam seinen Weg durch das Mauerwerk direkt ins offene Gebüsch und Erdreich sucht. Schön sieht das aus, wie sich das braune Wasser langsam vorwärtsbewegt und den ganzen Schmutz aus meinen Klamotten mit sich zieht, dabei fortwährend einiges an Sand und

Steinchen hinter sich lässt, die sich auf dem Boden hinter dem Wasserstrom absetzen und langsam austrocknen. Im Anschluss fülle ich frisches Wasser in meinen Wascheimer, knete darin erneut die noch ganz schaumige Wäsche durch und wringe diese danach ordentlich aus. Dann zerlege ich den nassen Klumpen in seine Einzelteile und hänge die einzelnen Klamotten in aller Ruhe sauber und ordentlich auf eine dafür vorgesehene Leine. Zufrieden betrachte ich mein vollbrachtes Werk und muss zugeben, dass der gesamte Vorgang eine wirklich meditative Wirkung auf mich ausgeübt hat. Da lobt man sich doch die ehrliche Handarbeit! Jetzt noch schnell den Inhalt des Eimers in das Waschbecken entleeren und beobachten, wie das jetzt um einiges sauberere Wasser die alten Dreckreste mit sich reißt und sich alles wie zuvor ins Erdreich ergießt. Wo er herkommt, geht er hin, denke ich und stelle mir vor, dass dies zugleich eine schöne Metapher für das Leben des Menschen ist. Wie Medaillen und Trophäen hängen meine Unterhosen und Socken an der Leine und baumeln sorglos im Wind. Ich betrachte sie wie ein bestelltes Feld oder einen Kuchen im Backofen und freue mich auf die baldige Ernte.

Später am Tag findet mein erstes Gruppen-Teaching statt. Dabei widmet sich ein 30-jähriger Lehrer namens Tom 90 Minuten dem Thema »Karma«. Dazu erzählt er uns zunächst die Geschichte eines Mannes, dessen linker Arm seit einem Motorradunfall gelähmt ist. Dieser Mann sucht irgendwann einen Lama auf und schilderte diesem den Vorfall und die Beeinträchtigungen, mit denen er seitdem zu leben hat. Der Lama überlegt kurz und erklärt dann, dass die Ursache des Unfalls und damit der gelähmte Arm auf den früheren Hass des Mannes auf seinen Vater zurückzuführen ist. Dies ist in diesem Fall die karmische Ursache des Unfalls, der eigentliche Grund des gelähmten Armes. Der Unfall ist lediglich ein Umstand. Dies ist das Prinzip des Karmas: dass schlechte Taten oder negative Gefühle sich in der Zukunft manifestieren, und das in potenzierter Form. Kleine Übel führen demnach zu größeren Übeln. Allerdings funktioniert das Ganze auch mit positiven Taten und Gefühlen, sodass die kleinste gute Tat oder das kleinste positive Gefühl sich in der Zukunft zu großem Glück und viel positiver Energie entwickeln. Zusammengefasst bedeutet dies, dass ein jeder seines eigenen Glückes oder »Peches« Schmied ist.

Im Anschluss zerlegt Tom vor unseren Augen ein Handy. Als die losen Einzelteile vor ihm liegen, fragt er uns, ob eines davon, wie Akku oder Display, das Handy ist. Wir verneinen dies. Dann fragt Tom uns, ob denn das Material, das Plastik, von sich aus ein Handy ist, und wir verneinen erneut. Tom erklärt uns, dass alleine der Mensch ein Handy aus dem macht, was von sich aus eigentlich kein Handy ist, sondern wohl eher die Summe aus verschiedenen Teilen. Derart zeigt Tom uns auf, dass kein Ding in der Wirklichkeit existiert, sondern dass es lediglich ein gedachtes oder vorgestelltes Ding ist, das von uns den einen oder anderen Namen erhält. Genau so verhält es sich mit allen anderen Dingen, auch mit abstrakten wie Beziehungen oder Ländergrenzen. Tom deutet also an, dass die Dinge lediglich in unserem Kopf und anhand sprachlicher Bezeichnungen derart existieren, wie sie für uns existieren. Wenn das nicht mal idealistisch ist. Irgendwie verstehe ich sogar, was Tom meint, aber irgendwie verstehe ich es auch nicht. Und ich habe Verspannungen zwischen meinen Schulterblättern von der Sitzerei.

Mit dieser Erkenntnis oder These oder Theorie beendet Tom das heutige Teaching und fordert uns noch zu einer gemeinsamen Abschlussmeditation auf. Tom erklärt, dass man bei einer Meditation jedem kommenden Gedanken seinen Raum lassen muss. Man soll sich beim Meditieren also nicht, wie viele vielleicht denken, den Kopf krampfhaft freihalten, sondern die entstehenden Gedanken vielmehr begrüßen und im Gegenzug näher analysieren. Kann ich mich zum Beispiel wegen Trauer oder Kummer nicht konzentrieren, so sollte die Meditation der Anstrengung gewidmet sein, herauszufinden, welche Begierde diesen Kummer ausgelöst hat. Laut Tom verschwindet der Kummer auf diese Art wie von alleine. Ich probiere diesen Umgang mit den Gedanken in den folgenden 20 Minuten der Meditation und habe dabei immerhin mäßigen Erfolg. Ganz will es leider nicht gelingen, aber ich habe ja noch ein paar Wochen Zeit zum Üben und zum Stärken meiner meditativen Fähigkeiten.

Beim anschließenden Mittagessen setze ich mich an den Tisch einer Medizinstudentin aus Berlin, die mir mit vollster Hingabe lautstark und euphorisch von ihrer tollen Zeit hier in Nepal berichtet. Da ich mich wegen ihrer zuvorkommenden und hektischen Art kaum auf ihre Erzählungen einlassen kann, muss ich nach kurzer Zeit feststellen, dass sie es doch geschafft hat, mir einfach gewaltig auf die Nerven zu gehen, sie mich gleichzeitig aber auch wegen ihrer Erlebnisse ein wenig fasziniert.

Förmlich verabschiede ich mich sofort nach dem Essen und kann mich nicht wirklich entscheiden, ob ich dieser Person ab jetzt nicht besser aus dem Weg gehen sollte.

Fast jeden Tag stehe ich nach dem Essen eine Zeit auf der großen Terrasse der Klosteranlage und schaue über das weite Tal von Kathmandu. Je nach Tageszeit und Einfall der Sonne entdecke ich immer wieder neue Details und erfreue mich daran. Diese Beschäftigung lässt mich spüren, dass ich nur ein kleiner Teil dieser Welt bin, aber trotzdem als der Teil existiere, der eben gerade dieses denkt und derart das Zentrum bildet. Ein toller, aber auch leicht unheimlicher Gedanke!

Später betrete ich alleine die Main Gompa und fühle mich sofort äußerst geborgen. Mir kommt es vor, als beflügele hier jeder einzelne Ort meine Gedanken aufs Neue, und ich erfreue mich der positiven Energie, die hier herrscht. Oft erinnert mich mein Aufenthalt hier an eine Phase in meiner Kindheit, in der ich mir unter dem Esszimmertisch eine Art Höhle gebaut hatte. Wie damals sitze ich hier in diesem Raum und fühle nichts als Geborgenheit und Zufriedenheit mit dem aktuellen Zustand. Plötzlich fühlt sich mein Kopf wirklich leer an und ich merke, dass sich meine Gedanken wie von selbst eingestellt haben. Nur noch das, was ich wirklich denken möchte, kommt mir bei Bedarf in den Sinn, ansonsten herrscht eine große Stille, dir mir das unbeschreibliche Gefühl vermittelt, dass ich von mir selbst vollkommen in Ruhe gelassen werde. Ich betrachte versunken die große goldene Buddha-Statue und versinke immer tiefer in mich selbst, werde eins mit dem Raum.

Das Erlebnis in der Meditationshalle bestärkt mich in

meinem Entschluss, mich, zurück in Köln, weiterhin mit Meditation zu beschäftigen. Auch will ich das hier Erlebte mit anderen Menschen gerne teilen und so andere motivieren, auch zu meditieren. Ich nehme mir zudem vor, mich generell mehr mit anderen Menschen zu umgeben und geselliger zu werden. Trotz dieses Entschlusses hänge ich kurz nach dem Nachmittagstee erst einmal ganz alleine und sozusagen in aller Ruhe meine gewaschene Wäsche von der Leine ab. Die hier in windiger Höhe angebrachte Leine lässt die Wäsche wirklich sehr schnell trocken werden. Zufrieden mit dem reibungsfreien Ablauf und dem getanen Werk, verstaue ich die frischen Klamotten in der Kommode meines kleinen Zimmers.

Während des Abendessens treffe ich Sebastian, der mir von seinem Aufenthalt in einem »Aschram« berichtet. Übersetzt bedeutet Aschram so etwas wie »Ort der Anstrengung«, was sich natürlich eher auf die geistige Tätigkeit bezieht. In diesem Aschram in Indien verbrachte Sebastian einige Zeit mit dem weiblichen Guru Amma, die bekannt dafür ist, alle Menschen, die sie trifft, herzlich zu umarmen. Als ich damals im Internet etwas darüber gelesen hatte, kam mir das Ganze sehr seltsam und abgefahren vor und ich konnte mich mit diesem Gedanken nicht wirklich anfreunden. Doch jetzt hier im Kloster bin ich bereit für jegliche neue Erfahrung und ich nehme mir vor, diesen Ort selbst einmal aufzusuchen.

Vor dem Zubettgehen schreibe ich noch Ansichtskarten an meine Familie und an Freunde. Es kommt mir vor, als hätte ich diese Menschen seit Ewigkeiten nicht mehr gesehen, und ich freue mich schon jetzt darauf, ihnen nach meiner Rückkehr in die gewohnte Zivilisation von der Reise an die Grenzen meines Selbst zu berichten.

*Mittwoch, 28.3.2012*

# Be happy!

Als ich am nächsten Morgen aufwache, kommt mir sofort in den Sinn, dass ich vergangene Nacht äußerst intensiv geträumt habe. Wie um meine gute Laune zu bestätigen, waren die Träume durchweg positiv und handelten, soweit ich mich erinnern kann, von einem roten Drachen. Ich nehme mir vor, die Bedeutung dieses Symbols näher in Erfahrung zu bringen, und frage mich wirklich, welche Rolle dieses imposante Ungetüm in meinem weiteren Leben noch spielen wird.

Beim Aus-dem-Bett-Steigen erfreue ich mich des Anblicks meines hiesigen kleinen Reiches. Meine gesamten Habseligkeiten reduzieren sich hier auf knappe 20 Kilogramm und reichen bei Weitem nicht aus, den Schrank und den kleinen Schreibtisch auch nur annähernd zu füllen. Vergleiche ich dies mit zuhause, lebe ich hier sicherlich mit gerade einmal einem Prozent meines ganzen Besitzes. Alleine meine Bücher wiegen sicherlich schon 300 Kilogramm – und schaut man da überhaupt noch mal rein? Ich beantworte mir meine Frage selbst mit einem vorsichtigen Nein und spiele mit dem Gedanken, mich von ihnen zu trennen, dazu notiere ich in meinem Tagebuch:

*Learning: Zu Hause wird alles verschenkt, was nicht mehr gebraucht wird. Auch die Erinnerungen (bedruckte T-Shirts von diversen Junggesellenabschieden, Souvenirs aus der Türkei und Tunesien) und die Lieblingsbücher – vor allem die von Ken Follett, die ich verschlungen habe –: weg damit!*

Heute steht ein Teaching mit Ani Kirsten an, einer Schwester aus dem Kloster und zugleich Autorin des Lam-Rim-Buches, mit welchem ich mich so gerne beschäftige. Ich bin beeindruckt von ihrer Art zu reden, die der eines Engels gleicht. Derart gefangen, glaube ich ihr auf Anhieb jedes Wort und empfange diese Sitzung und ihre Anwesenheit wie ein Geschenk. Ein Rätsel bleibt mir dabei ihr Alter, denn ihre immense Ausstrahlung von Weisheit und Jugendlichkeit überstrahlt jegliche Spuren davon. Im Teaching geht es um den Begriff Pleasure (kurzweiliges Vergnügen) und darum, dass Pleasure zwangsläufig zu Suffering (Leiden) führt und nicht zu Happiness (glücklich sein). Daher ist Pleasure nichts, das man anstreben solle. Laut Ani Kirsten erlangt man nur durch gute Taten nachhaltige Happiness. Mir leuchtet das in jenem Augenblick vollkommen ein. Sie möchte uns dies aber in einem der folgenden Teachings näher erläutern. Damit zusammenhängend, denke ich über das Vollbringen guter Taten nach und überlege, was eine gute Tat überhaupt ausmacht. Und kann ich diese bereits hier im Kloster vollbringen oder erst zuhause in Deutschland? Ich erkenne auch, dass Motivatoren in meinem Alltagsleben oft Lob und Anerkennung sind, dazu gehören Statussymbole und alles, was mich sonst noch über andere erhebt und von ihnen abgrenzt. Ich muss zwangsläufig zugeben, dass diese Dinge mich insgesamt nicht zu Happiness geführt haben, und nehme mir vor, lediglich Happiness durch gutes Handeln als meinen neuen Motivator zuzulassen. Gleichzeitig erschrecke ich vor diesem Gedanken, denn: Schaffe ich das überhaupt? Und will ich das überhaupt? Mein Auto weggeben, eine kleinere Wohnung, mein Leben dem Wohl anderer widmen – und was habe ich am Ende davon? So richtig überzeugt bin ich also nicht und zudem befürchte ich ein wenig, dass es sich hier nicht um Wahrheit oder eine schlüssige Religion handelt, sondern um eine Sekte oder reine Gehirnwäsche.

Ich muss jedoch zugeben, dass ich im Alltag Pleasure stets allem anderen vorziehe. So ziehe ich es vor, lustige Youtube-Videos auf der Arbeit in Ruhe zu Ende zu schauen, anstatt den Anruf eines Kollegen entgegenzunehmen. Daher lässt mich das leise Gefühl nicht los, dass ich mich heute vielleicht wirklich insgesamt besser fühlen würde, hätte ich damals nicht immer nur egoistisch an mich gedacht, sondern mich mehr den anderen gewidmet. Ich notiere in meinem Tagebuch:

*Learning: Ab heute ziehe ich »Pleasure« nicht mehr allem anderen vor.*

*Learning: Ich will weder Gehaltserhöhung (Gier) noch Beförderung (Stolz). Ich bin so schon sehr zufrieden mit allem.*

Beim anschließenden Abendessen teile ich mir den Tisch mit Melanie und Sebastian und wir genießen gemeinsam die leckere Gemüsesuppe und den Nachtisch, bestehend aus frischem Brot und Marmelade. Das alles wird hier im großen Speisesaal mit dem Löffel gegessen, Messer und Gabeln gibt es nicht. Alternativ kann man die Mahlzeit auch auf der großen Terrasse einnehmen und bei erwähntem Ausblick über das Tal fühlt man sich dabei wie Gott in Frankreich und hat das Gefühl, dass es einem an überhaupt nichts mangelt.

Weiter hinten im Tal sieht man von der Terrasse aus die Schatten eines alten Gemäuers, in welchem nur ganz selten Licht zu sehen ist. Jemand scherzt und behauptet, dass an diesem geheimnisvollen Ort sämtliche Karma-Rollen der Erde aufbewahrt werden und der Weg dorthin ein streng gehütetes Geheimnis sei. Ich finde den Gedanken überhaupt nicht abwegig. Dann erheitert Sebastian unser Beisammensein mit dem oft diskutierten und durchaus radikalen und utopisch anmutenden Gedanken eines bedingungslosen Grundeinkommens für jeden deutschen Staatsbürger, egal ob man arbeitet oder eben nicht. Diese längst notwendige Einrichtung würde jedem Willigen den lebenslangen Aufenthalt im Kloster gewährleisten, da dieser ja nur wenige Euro im Monat kostet, und wäre in der Form zugleich der richtige Schritt in die richtige Richtung einer positiven Entwicklung der Menschheit. Dem stimme ich persönlich eindeutig zu.

Nach dem Essen gehe ich auf mein Zimmer und gebe mich meinen Gedanken hin. Ich sitze hier ganz ohne Ablenkung, keine Musik, kein Internet und kein Fernsehen. Auch das Buch lasse ich beiseite und mir fällt auf, wie gut es tut, sich nicht ständig mit irgendetwas regelrecht vollzustopfen. Kein Ballast, keine Termine, keine Unruhe oder irgendein Drang nach akuter Veränderung. Ein wirklich herrliches Gefühl! Zugleich muss ich feststellen, dass es alleine an mir liegt, ob mich etwas stört oder nicht oder ob ich mich von anderen nerven lasse oder eben nicht. Mir fällt in diesem Zusammenhang ein, dass ich mich immer schon habe schnell von meiner Umgebung nerven und aus der Ruhe bringen lassen, schon als Schüler bei den Hausaufgaben, wo nur ein Vogel zwitschern musste, um mich fuchsteufelswild werden zu lassen. Ungefähr zwanzig Jahre mag das nun her sein und es zieht sich wie ein roter Faden durch mein Leben. So viel vertane Lebenszeit.

*Donnerstag, 29.3.2012*

# Schmetterlinge

Auch heute entdecke ich wieder viele Kleinigkeiten in der Klosteranlage, die mir bis jetzt komplett entgangen sind. Dies kommt mir so komisch vor, dass ich tatsächlich davon ausgehe, nach wenigen Tagen bereits einen höheren Grad der Wahrnehmung meiner selbst und meiner Umgebung erlangt zu haben. So fällt mir auf, dass sich die Buddha-Statue am Brunnen vor dem hauseigenen Stupa von den anderen Statuen im Kloster unterscheidet, da diese mehrere Köpfe übereinander hat, von denen manche grimmig und furchterregend dreinschauen. Daneben in einem Blumenbeet befinden sich zudem mehrere Tafeln und Figuren, die bei näherem Betrachten die Lebensgeschichte Buddhas darstellen. Auch fällt mir auf, dass auf und über der Anlage unzählige Vögel unterwegs sind, die ich bis dato wohl einfach ignoriert habe. Heute habe ich eine wahre Freude daran, den kleinen Piepmätzen dabei zuzuschauen, wie sie sich ihr Gefieder säubern oder kleine Leckerbissen vom Boden aufsammeln. Niemals zuvor habe ich derart intensiv meine Umwelt beachtet und zudem bereitet es mir hier überhaupt keine Mühe, meine Konzentration für längere Zeit auf einen Punkt zu richten. Mir fallen zwei weiße Schmetterlinge ins Auge, die gemeinsam tänzelnd durch die Lüfte flattern und sich ab und an auf einer Blüte niederlassen. Alleine durch die stumme Beobachtung dieser

Vorgänge formen sich in meinem Kopf ganze Handlungsstränge und ich beginne mir parallel Fragen über den Sinn der einzelnen Tätigkeiten dieser Lebewesen zu stellen, da mir diese tatsächlich völlig rätselhaft erscheinen. Ähnlich wie in einem Walt-Disney-Film stelle ich mir vor, wie die Vögel und Schmetterlinge miteinander kommunizieren, sich guten Tag sagen oder darüber plaudern, was sie heute so gesehen und gemacht haben. Dabei bin ich mir bewusst, dass dieses Personifizieren der Vorgänge, die ich hier beobachte, wahrscheinlich völlig den wahren Sinn verfehlt und dass dem Menschen das wahre Geheimnis des Lebens wohl oder übel für immer ein Rätsel bleibt. Ich erfreue mich dieser philosophischen Gedanken und bin erneut erstaunt darüber, welche Flut an Einfällen man hat, wenn man sich einfach mal die Zeit und die Ruhe zum Beobachten und darüber Nachsinnen nimmt.

Auf dem schwarzen Brett des Klosters stoße ich wenig später neben Buchtipps und Flyern für diverse Veranstaltungen auf den Hinweis, dass man in einer südfranzösischen Stadt namens Nalanda über fünf Jahre den Buddhismus in Vollzeit studieren kann und nach Beendigung ein vollwertiger Dharma-Teacher ist. Der Aufenthalt kostet dort 2.400 Euro im Jahr, also insgesamt 12.000 Euro. Dafür bekommt man Essen und einen Schlafplatz. Ich frage mich, ob Tom das wohl auch so gemacht hat, und zudem, ob dieses Studium eine richtige und sinnvolle Alternative zu meinem bisherigen Leben darstellen könnte. Allerdings fällt mir ein, dass ich noch nicht einmal in der Lage bin, den Lotus-Sitz auszuführen, für den man meiner Meinung nach Sehnen aus Gummi haben muss. Alleine die Lösung dieses Problems würde wohl unzählige Stunden bei einer Physiotherapeutin in Anspruch nehmen. Hinzu kommt, dass ich ja eigentlich katholisch bin, und ich merke bereits an meinem Zaudern, dass ich wohl nicht wirklich bereit für einen solchen Schritt bin. Trotzdem will ich es nicht komplett ausschließen und gebe dem Ganzen noch ein wenig Bedenkzeit.

Aufgrund des vielen Räsonierens komme ich zu spät zum Teaching mit Tom und in der Eile vergesse ich dann auch noch, die Tür der Halle hinter mir komplett zu schließen, so dass diese einen Spalt weit offen bleibt. Leider höre ich deshalb vom Hof her ziemlich bald einen fleißig kehrenden Mönch, der mit seinem Besen in ungefähren 20 Spm (Schrubbs pro Minute) ein ziemliches Tempo an den Tag legt und sich zudem überhaupt nicht daran zu stören scheint, dass nebenan Menschen wie ich in größtmöglicher Ruhe viel heiligeren Anliegen nachkommen wollen, denn die Geräusche lenken mich stark ab. Als Konsequenz denke ich permanent äußerst genervt darüber nach, warum der Idiot gerade jetzt dort draußen mit seinem Besen unterwegs sein muss, und vergeige derart die komplette Meditation.

Im Nachhinein muss ich natürlich zugeben, dass ich es war, der sich hat ablenken lassen und nicht in der Lage war, eine angemessene Konzentration aufrechtzuerhalten. Von der wahren Besinnung und der damit einhergehenden Erleuchtung bin ich wohl noch ziemlich weit entfernt. Doch ist die Erkenntnis dieses Sachverhaltes zumindest der erste Weg zur Besserung und ich nehme mir vor, mich bewusst nicht mehr durch Unwesentliches ablenken zu lassen und mich vor allem nicht mehr über Kleinigkeiten derart aufzuregen. Noch habe ich ja ein paar Wochen Zeit dafür!

Da ich beim anschließenden Tee weder Melanie noch Sebastian entdecke, setze ich mich zunächst alleine an einen freien Tisch und warte gespannt ab, ob sich jemand zu mir setzt, den ich noch nicht kennengelernt habe. Nicht wenig später passiert ebendies und ich mache auf diese Art die Bekanntschaft von zwei netten jungen Damen. Die eine studiert Medizin in München und die andere ist durch Zufall die Freundin des Krankenpflegers aus Langenfeld, den ich am Abend zuvor in Sophias Zimmer getroffen habe. Sie studiert Psychologie und zeigt mir eine tolle Übung gegen meine Verspannung zwischen den Schulterblättern, die wirklich hervorragend wirkt, wie sich später herausstellt. Zusammen gehen wir nach dem Essen in die Meditationshalle. Am liebsten setze ich mich dort in die letzte Reihe und relativ mittig, so wie ich es auch zuhause im Kino mache. Ich fühle mich auch jetzt auf Anhieb wieder sehr geborgen. Es fühlt sich gut an, zu wissen, dass die anderen Anwesenden hier das gleiche Ansinnen wie ich haben, und dieses Gefühl eines gemeinsamen Ziels verdrängt jegliches Gefühl von Einsamkeit. Ich spüre, dass ich hier mit meinem Anliegen nicht alleine bin.

Sophia steigt mit einem riesigen Rucksack, einem fast genauso großen, gut gemeinten Gips und zwei Krücken ins Taxi zum Flughafen. Ihre Reise ist nach nur drei Tagen schon beendet. Sophia meint, dass der kleine Unfall sie wohl vor einem viel größeren Unglück bewahrt habe, und strahlt Optimismus aus. Ich bewundere sie dafür.

Wenn meine Auszeit nach nur drei Tagen schon zu einer Rückreise geführt hätte, wäre ich am Boden zerstört gewesen und hätte das Kloster wohl mit Schadenersatzforderungen in schwindelerregender Höhe konfrontiert. Bei Sophia ist aber weder Groll noch Wehmut zu spüren, sie lässt sich die Krücken von uns ins Taxi reichen, der Fahrer hupt, das Tor öffnet sich und Sophia verschwindet in der stockdunklen Nacht.

*Freitag, 30.3.2012*

## Gewitter

Am nächsten Tag stehe ich sehr früh auf und setze mich in der Morgendämmerung auf den Hügel oberhalb des Klosters. Ganz langsam gehe ich dort hinauf und lasse mich bewusst auf meine Umgebung ein. Oben angekommen, beobachte ich das Erwachen des Tages und das flinke Treiben der verschiedenen Tiere. Besonders die Wurmjagd zweier Raben verschafft mir ein wahres Vergnügen. Während ich über das weite Tal schaue, denke ich darüber nach, ob ich von hier überhaupt etwas anderes als meine Erlebnisse und Aufzeichnungen mit nach Hause nehmen will. Eigentlich hatte ich vor, typisch buddhistischen Nippes zu kaufen und daheim an enge Freunde und Bekannte zu verschenken, ein Verhalten, angesiedelt irgendwo zwischen Gewohnheit, Anstand und der einfachen Lust am Konsum, und somit nicht gerade dem entsprechend, in was ich mich hier üben will. Um mich nicht weiter mit diesem Konflikt zwischen Verzicht, Anstand und Zwang zum Konsum zu beschäftigen, lasse ich diese Frage erst einmal offen, schließe die Augen und genieße die kühle Luft, verbunden mit der warmen Sonne, die mir fröhlich ins Gesicht strahlt.

    Auch heute steht noch vor dem Mittagessen ein Teaching an. In diesem geht es um den Zustand des Ärgerns und darum, wie man diesen vermeidet und stattdessen Mitgefühl empfindet. Nach einer Phase des Zuhörens verinnerlichen wir das Gelernte anhand einer Meditation, in welcher wir uns Situationen ausmalen, in denen wir uns ärgern, uns dann aber dem Ärgernis gegenüber akzeptierend verhalten und Aggressivität und Wut in Mitgefühl verwandeln. In der von mir vorgestellten Situation weicht mein Ärger sofort und verwandelt sich in Empathie. Ich erinnere mich daran, dass ich mich einmal furchtbar über eine Arbeitskollegin aufgeregt habe, und stelle mir vor, wie ich dieser Kollegin stattdessen mit Mitgefühl begegne und ihr bildlich das Geschenk des Mitgefühls in Form einer Packung Müsli überreiche. Prompt ärgere ich mich jetzt überhaupt nicht mehr über die damalige Situation und in mir entsteht ein wohliges und warmes Gefühl, das mir zu erkennen gibt, dass dieser bewusste Akt der Aufarbeitung anscheinend wirklich funktioniert. Ich strahle innerlich vor Freude darüber und male mir aus, wie ich mich ab jetzt über nichts mehr aufregen werde und aufgrund dieser Einstellung sicherlich der positivste Mensch auf Erden werde!

In diesem Moment betreten zwei Damen den Meditationsraum und nehmen ohne Rücksicht und laut polternd ihren Platz in der Halle ein. Ich kann mich der Situation leider nicht im Geringsten entziehen und beobachte weiter völlig interessiert und schon jetzt leicht erbost, wie die eine der beiden ihr Brillenetui öffnet und es mit einem lauten Geräusch auf den Boden wirft. Ich kann nicht anders und schenke den beiden sofort einen bösen Blick. Im nächsten Moment realisiere ich mein Verhalten und stelle erschrocken fest, dass mein inneres Strahlen wie weggeblasen ist und ich einfach nur noch wütend bin. Resigniert wende ich meinen Blick ab und schaue verbissen zu Boden. So ein Mist!

Am heutigen Nachmittag endet die Phase der Anwesenheit des Lamas hier im Kloster. Zur Verabschiedung reihen sich Besucher und Mönche vor der Main Gompa auf, dabei hält jeder den von ihm gesegneten Schal auf ausgebreiteten Armen vor sich. Bevor der Lama in ein von den Mönchen zuvor sorgfältig gesäubertes Auto steigt, segnet er erneut unsere Schals und zum Zeichen der Dankbarkeit legen wir uns diesen dann wieder um den Hals. Die Mönche begleiten das Auto mit dem Lama noch in aller Ehrfurcht bis zum Tor und langsam verschwindet es aus unserem Blickfeld. Innerlich bedanke ich mich erneut für den empfangenen Segen und sehe dabei das lächelnde Gesicht des soeben Verabschiedeten vor mir.

Gegen Abend erfahre ich zum ersten Mal bewusst die hiesigen Launen der Natur. Gemeinsam sitzen wir in einer Meditation, während es draußen regnet und stürmt. Immer wieder öffnet der Sturm die Tür der Halle und lässt das Getöse von draußen lauter werden. Wir versuchen natürlich, uns dadurch nicht ablenken zu lassen, und konzentrieren uns bewusst auf die Geräusche des Unwetters, um derart mit diesem in Einklang zu geraten und Ruhe zu finden.

Nach dem Gewitter ist der Blick auf das Tal wie noch nie zuvor. Vom Wind gereinigt, lässt die Luft einen klaren Blick in die Ferne zu und mir fallen Details ins Auge, die ich bis jetzt noch nicht bemerkt hatte. Ich könnte Stunden damit verbringen, dieses Panorama zu betrachten, und beneide ein wenig die großen Maler, die dies gekonnt auf der Leinwand widerspiegeln konnten und es schafften, ihre Gefühle für den Rest der Welt erfahrbar zu machen.

Auf dem Weg zu meiner Behausung treffe ich Anke aus Norwegen, die vor dem geschlossenen Coffeeshop sitzt und auf dessen Öffnung wartet. Da sie sehr gelangweilt aussieht, nutze ich die Gelegenheit, um mit ihr ein paar Worte zu wechseln. Irgendwie scheint hier jeder Dinge zu tun, mit denen ich nie gerechnet hätte. So hat Anke zuletzt als Erntehelferin gearbeitet, was bedeutete, dass sie acht Stunden am Tag auf dem Feld verbrachte. Im Gegenzug bekam sie neben den paar Euro Stundenlohn wenigstens die Unterkunft umsonst. Ich stelle mir die Frage, ob ich selbst jemals so hart gearbeitet habe, und notiere rückblickend auf das Teaching in meinem Tagebuch:

*Learning: Nach aufwühlenden oder ärgerlichen Terminen oder Telefonaten oder Mails oder Gesprächen einfach mal eine Minute nichts tun und innehalten und vielleicht sogar etwas Mitgefühl entwickeln.*

*Samstag, 31.3.2012*

## Stupa

Schon früh am nächsten Morgen reift in mir der Gedanke, meine Notizen und Aufzeichnungen, die ich stetig zu Papier bringe, zurück in Deutschland in einem zusammenhängenden Text auszuformulieren. Darin möchte ich über alles berichten, was ich hier gelernt habe, und dann jedem meiner Freunde und Verwandten ein Exemplar zum Geburtstag schenken. Ganz aufgeregt denke ich bereits über mögliche Titel nach. »Auszeit im Kloster« lautet einer oder: »Zweck der Reise: Erleuchtung«, oder einfach: »Auszeit für Einsteiger«. Ich überlege, ob ich mir nicht sogar einen Verlag suchen könnte, und rechne im Kopf nach, wie viel Aufwand betrieben werden müsste, um mindestens 100 Seiten zu füllen. Voller positiver Energie, glaube ich fest an eine Verwirklichung des Vorhabens!

Zudem plane ich, gegen Mittag zu Fuß den Hügel hinunter nach Kathmandu zu marschieren. Dort will ich zunächst den Stupa in Bodnath, einem kleinen Ort am Rande der Stadt, besuchen. Dieser Stupa ist vom Kloster aus gut sichtbar und der Fußweg dorthin sollte eigentlich kein Problem sein. Nachdem ich das Kloster über den kleinen Pfad verlassen habe, verschwindet der Stupa allerdings nach einiger Zeit hinter den immer näher rückenden Häusern der Stadt. Ich verlaufe mich ein wenig und muss immer wieder nach dem Weg fragen, was natürlich nicht so einfach ist. Insgesamt nehme ich sehr lange Umwege in Kauf, bevor ich das Ziel meines Ausflugs erreiche.

Der Stupa von Bodnath ist von gigantischem Ausmaß und hat eine Höhe von ungefähr 36 Metern. Gerne würde ich selbst einmal wie die beiden Buddha-Statuen im oberen Bereich der Säule thronen und von dieser beeindruckenden Höhe aus die Umgebung genießen. Um den Stupa herum befinden sich etliche Gebetsmühlen, die Glück versprechen, wenn man an ihnen dreht. Natürlich tue ich dies zur Genüge und genieße zudem nebst den vielen anderen Touristen die Aura dieses heiligen Ortes.

Trotz aller Heiligkeit reiht sich in der Nähe dieses Touristenmagneten ein Geschäft an das nächste. Natürlich finde auch ich es sehr interessant, durch die Sortimente zu stöbern und das ein oder andere mir Unbekannte anzusehen oder auszuprobieren. Man zeigt mir, wie man durch das Reiben mit einem Schlägel an einer sogenannten Klangschale eine Schwingung hervorbringt, die einen sonderbaren Ton erzeugt. Ich finde das so spannend, dass ich mir eine dieser Schalen für umgerechnet 25 Euro kaufe, was hier ein ganzes Vermögen ist. Der Verkäufer freut sich natürlich über den Profit. Ich bin da eher zweigeteilt: In Deutschland würde diese Schale sicherlich mindestens 100 Euro kosten, allerdings habe ich das Gefühl, dass ich den Preis noch um mindestens 10 Euro hätte drücken können. Insgesamt stört mich das aber nicht, da der Verkäufer wirklich nett ist und ich nun eine Klangschale aus einem Laden direkt neben dem Stupa von Bodnath besitze!

Zusammen mit meiner Klangschale lasse ich mich auf einer Bank nieder und genieße den Anblick des Stupa, als sich eine Frau zu mir setzt und mich nach dem Weg nach Pashupatinath fragt. Wie es der Zufall will, ist Pashupatinath auch das nächste Ziel meiner Reise und deshalb nehme ich die Gelegenheit wahr und teile mir mit der freundlichen Dame ein Taxi. Während der Fahrt erklärt sie mir mehrfach, dass sie aus China stamme und dort einen Freund habe, aber trotz des mehrfachen Wiederholens ihres Namens verstehe ich diesen nicht. Nachdem sie fast die ganze Fahrt alleine bezahlt und mir noch eine Packung chinesisches Weingummi geschenkt hat, verspreche ich ihr hoch und heilig, mich zurück in Deutschland per E-Mail zu melden, und nach Austausch unserer Adressen verabschieden wir uns voneinander.

Die Tempelanlage Pashupatinath liegt ein paar Kilometer weiter südlich des großen Stupas von Bodnath. Am Fluss werden tagtäglich Leichen verbrannt, das möchte ich mir heute Nachmittag anschauen. Von Weitem sehe ich schon den Rauch, dort muss es sein. Ich stehe am Ufer und komme rechtzeitig zu einer Verbrennung, die auf der gegenüberliegenden Seite stattfindet. Der Verstorbene wird an den Fluss gebracht, er ist in Tücher eingewickelt. Am Ufer angekommen, wird das Tuch geöffnet und die junge Witwe darf sich den Leichnam noch einmal kurz anschauen. Ein unerträgliches und herzzerreißendes Weinen schallt über den Fluss. Danach wird der Verstorbene auf eine große Steinplatte direkt am Fluss abgelegt. Die Tücher werden angezündet, alles brennt wie beim Osterfeuer. Eine Militärkapelle erscheint und spielt einen letzten Gruß. Die Leiche brennt eine Weile. Es liegt ein süßlicher, intensiver Geruch in der Luft, für den ich gerade keinen Vergleich finde. Irgendwann ist nur noch Asche übrig, die jemand in den Fluss schiebt, und die nächste Familie kommt an die Reihe.

Ich sehe mir dieses entsetzliche Ritual fasziniert an. Aber nicht nur ich betrachte es, auch Kinder schauen zu, unzählige sogar, sie spielen in dem Fluss, in den die Asche der Verstorbenen gekehrt wird. Affen laufen herum, Touristen filmen, Straßenhändler verkaufen Cola, Nepalesen kommen einfach so vorbei, vermutlich auf dem Weg zur Arbeit, es ist wie auf einem Wimmelbild. Da es hier ganz normal zu sein scheint, Verstorbene in aller Öffentlichkeit zu verbrennen, erscheint mir die Szene auch nicht mehr so schrecklich. Alles ist im Fluss, in jeder Hinsicht.

Neben der Leichenverbrennung ist Pashupatinath auch wegen eines Altenheims bekannt, das das einzige in ganz Nepal sein soll. Denn im Normalfall nehmen die Kinder hier ihre alten Eltern auf und versorgen sie mit dem Nötigsten. Für diejenigen, die keine Kinder bekommen haben oder aus irgendeinem anderen Grund nicht bei ihren Verwandten unterkommen, bleibt dann nur eine Institution wie diese oder das Leben auf der Straße. Diese soziale Einrichtung in Pashupatinath finanziert sich komplett durch Spenden und steht, nach einem kleinen Obolus, für jedermann zur Besichtigung offen. Mir gefällt es, dass man auf diese Weise etwas Gutes tut. Allerdings komme ich ziemlich schnell auf den Boden der Tatsachen zurück, denn es bietet sich mir ein relativ trostloser Anblick. Was wir unter dem Begriff Altenheim verstehen, ist hier definitiv nicht wirklich anwendbar. In den paar Behausungen, die U-förmig um einen großen Hof herum angeordnet sind, befindet sich neben Matratzen und Decken eigentlich nichts und davor sitzen die alten Leute auf Klappstühlen und warten mit dem Teller in der Hand auf einen Mann mit einem großen Topf, der sie mit Essen versorgt. Einige der Menschen winken mir zu und ich grüße ein wenig beschämt zurück.

Auf dem Weg raus aus der Anlage entrichte ich eine Spende in die dafür vorgesehen Box und nehme mir zur Klosteranlage zurück erneut ein Taxi. Unterwegs muss ich noch einige Male über das Gesehene nachdenken und ich schäme mich fast, nicht etwas mehr gespendet zu haben. Ich lasse mich am Fuß des Klosterhügels absetzen, gehe die letzten Meter zu Fuß und komme pünktlich kurz vor 17:00 Uhr zum Tee im Kloster an. Der Fußmarsch heute hat mir insgesamt gutgetan und so notiere ich in meinem Tagebuch:

*Learning: Ich sollte prüfen, ob ich das Auto abschaffe. Mit der Bahn und zu Fuß ist alles gut erreichbar. Und ich spare 280 Euro im Monat. Dafür kann ich viel Bahn fahren.*

Nach dem Tee geht es zur Meditation, die jetzt ein tägliches und normales Ritual ist, so wie man zuhause ins Internet geht. Es ist schon erstaunlich, wie sehr man sich an etwas gewöhnen kann, wenn man nur will, und so schreibe ich am Abend in mein Tagebuch:

*Learning: Zu Hause meditieren statt im Web surfen!*

Dann klopfe ich noch kurz an der Zimmertür nebenan, denn dort ist heute ein neuer Gast eingezogen und wie üblich begrüße ich den neuen Nachbarn kurz. Paul ist aus Hamburg und bereits das siebte Mal in Nepal. Interessant ist sein Lebenslauf: zuerst Lehrer, dann

Geschäftsführer eines Sportvereins, dann Eventmanager eines großen Hotels und jetzt Händler mit nepalesischer Handwerkskunst auf Weihnachtsmärkten und endlich glücklich!

*Sonntag, 1.4.2012*

# Müll

Heute ist der erste Tag des Aprils 2012 und ich befinde mich immer noch in einem kleinen Zimmer, weit weg von meiner Heimat in den nepalesischen Hügeln nahe Kathmandu. Die Zeit vergeht hier kaum merklich und ich gewöhne mich zusehends an das durch Meditation und bewusste Gedanken bestimmte Leben im Kloster mitten unter buddhistischen Mönchen. Vieles ist bisher so verlaufen, wie ich es mir vorgestellt hatte. Trotzdem haben sich in mir Gedanken gebildet, die ich vorher und so nicht erwartet hatte und die meine bisher gelebte Ordnung in den Grundfesten erschüttern. Es bleibt abzuwarten, ob diese zurück in der Heimat wie von selbst verpuffen oder ob ich die Kraft besitzen werde, einige der mich und meine Umwelt betreffenden Eingebungen in meine Lebenswelt zu integrieren.

Heute ziehe ich zum ersten Mal meine selbst mit der Hand gewaschene Kleidung an und bin erstaunt, dass diese sich auch ohne Weichspüler und Pflegeprogramm echt gut am Körper anfühlt. Am Frühstückstisch treffe ich meinen Zimmernachbarn Paul und setze mich zu ihm. Auch wenn man es zumeist nicht vorhat, werden Gespräche doch recht schnell politisch. Derart weit weg, hat man, was die Heimat betrifft, auch wirklich gut reden. Wir sind beide davon überzeugt, dass Deutschland in geistiger Hinsicht einem Entwicklungsland gleicht, schließlich bedeutet ein hohes Bruttosozialprodukt nicht automatisch, dass das soziale Verhalten der Menschen funktioniert. Wir kommen zu dem Schluss, dass gegenwärtige Tendenzen wie Internet, Smartphonegebrauch und der schon lange anhaltend hohe Fernsehkonsum dazu führen, dass man sich kaum noch wirklich unterhält, weil man ständig abgelenkt ist oder sich mit sich selbst beschäftigt. Ob zuhause oder in der Bahn oder sogar abends mit der Partnerin im Bett, nirgends führt man derart intensive Gespräche wie hier im Kloster, wo man nicht durch klingelnde Handys oder das 20:15-Uhr-Abendprogramm unterbrochen wird. Trotzdem ist hier in Nepal natürlich nicht alles besser, so ist uns beiden vor allem aufgefallen, wie sorglos man hier mit Verpackungsmüll umgeht. Ständig werfen Fahrgäste ihre Chipstüten und Ähnliches aus fahrenden Bussen und Haushalte entsorgen ihren Müll in den Fluss, fast so, als wäre das Problem erledigt, sobald das Wasser den Abfall mit sich nimmt. Ein Umweltgewissen wie bei uns in Deutschland gibt es in Nepal praktisch nicht. Aber sind wir umweltbewussten Deutschen deshalb besser? Wenn wir unser Plastik wohlsortiert in die gelbe Tonne schmeißen, ist es ja schließlich auch nicht einfach verpufft, sondern nur aus den Augen, aus dem Sinn, und bestenfalls erscheint es irgendwann zerkleinert und wiederverwertet erneut im Regal, aber wer weiß das schon genau. Als Ergebnis der Tagung zwischen den Abgesandten Hamburgs und Kölns halten wir fest, dass die einzige Möglichkeit eigentlich nur die bewusste Müllvermeidung ist und damit verbunden die Nutzung von Behältern und Gefäßen, die fast ein Leben lang halten, wie zum Beispiel Glasflaschen, die man einfach ausspült und dann weiterbenutzt. Warum immer wieder Plastikflaschen kaufen und nicht eine Glasflasche neu auffüllen? Man könnte sich die Mühe wirklich machen, wäre man nur nicht so bequem! Ich selbst kann mich da leider nicht von ausnehmen und schäme mich in diesem Moment für die etlichen Plastikflaschen, die ich hier in den letzten Tagen geleert und weggeworfen habe.

*Learning: Im Büro fülle ich meine alten Plastikflaschen mit Wasser aus dem Hahn auf, anstatt jede Woche fünf neue zu kaufen.*

Beim heutigen Vormittags-Teaching lernen wir, dass die Meditation am frühen Morgen zur Vorbereitung auf den ganzen restlichen Tag dient und es essenziell ist, sich derart ein ruhiges und gelassenes Gemüt für den weiteren Tag zu verschaffen. Denn macht man sich im Gegensatz dazu bereits morgens im Bett Gedanken darüber, was an diesem Tag alles schieflaufen könnte, und sich selbst damit verrückt, dann liegt die Möglichkeit nahe, dass alles genau so eintritt. Da dies wirklich plausibel klingt, will ich ab jetzt mit einer leichten und kleinen Mediation in den Tag starten und vermeiden, schon morgens kurz nach dem Aufwachen im Bett zu liegen und mir Gedanken zu machen, die oft mit Pflichten und Negativem zu tun haben. In meinem Buch notiere ich:

*Learning: Zu Hause biete ich auf der Arbeit mal eine Morgenmeditation von ca. 8:00 Uhr bis 8:30 Uhr an.*

Nach dem Teaching steige ich bei bestem Wetter den Hügel ganz bis zur Spitze hinauf, um von dort aus die Gegend zu genießen. Unterwegs fällt mir plötzlich eine Ameisenstraße auf, die quer über den Pfad führt. Ich beobachte eine Weile, wie die kleinen Tierchen eine oder mehrere kleine braune und weiße Kügelchen von rechts nach links tragen und aus der Gegenrichtung unbeladen zurückmarschieren. Das Ganze funktioniert mehrspurig, wie auf einer Autobahn: auf der einen Seite in die eine Richtung, auf der anderen Seite in die andere. Irgendwie scheinen das alle wie von selbst zu verstehen, denn Falschfahrer fallen mir keine auf. Zudem trägt jede Ameise immer nur braune oder weiße Kügelchen, nie braune und weiße zugleich. Auch erkenne ich keine einzige Ameise, die sich ausruht, alle sind sie permanent in Bewegung. Ein wirklich faszinierendes Völkchen!

Zurück von meinem Ausflug, widme ich mich dem Buch *The Art Of Happiness* über den Dalai-Lama, das ich in der großen Bibliothek entdecke. Sehr ausführlich und anschaulich wird in einer Sammlung von Gesprächen zwischen einem Psychologen und seiner Heiligkeit der Weg zum Buddhismus beschrieben, ohne dass dies jemals belehrend oder zwingend wirkt. Im Anschluss an die Lektüre telefoniere ich lange mit meinem Vater und berichte ihm von meinen Erlebnissen. Das soeben durch das Buch Erfahrene hilft mir, die Fragen meines alten Herrn den Buddhismus betreffend gekonnt zu beantworten, und ich fühle mich schon ein wenig wie ein Lehrmeister in den ersten Zügen.

Nach dem anstrengenden Studium in der Bibliothek lasse ich mich ein wenig treiben und erledige kleinere Besorgungen. So schreibe ich eine Ansichtskarte und als ich diese in den dafür vorgesehenen Postkorb bei der Rezeption lege, entdecke ich, dass meine bereits abgegebenen Karten dort noch unberührt verweilen. Auch überlege ich, inspiriert durch das Tischgespräch mit Paul, heute rund um das Kloster ein wenig Müll zu sammeln und so vielleicht ein Exempel zu statuieren. Allerdings verschiebe ich dieses Vorhaben schnell auf ein anderes Mal, die Idee ist zwar gut, doch ich bin noch nicht bereit. Pünktlich zum Sonnenuntergang besteige ich wieder den Hügel und genieße das Panorama. Der Platz dort ist in wenigen Minuten von meiner Behausung aus erreichbar, die Anlage ist ja nicht allzu weitläufig. Ich bin nicht alleine hier oben und beobachte, wie viele andere Fotos schießen und aufgeregt umherlaufen. Ich hingegen habe meine Kamera bewusst in meinem Zimmer gelassen und verweile einfach still, schweigend und genießend.

Später treffe ich noch Paul, der kurz vor der Abreise steht, was sehr schade ist, da ich mir sicher bin, dass wir noch einige gute Gespräche geführt hätten. Aber laut dem heute intensiv studierten Buch *Lam Rim* nennt man so etwas »Impermanence« – alles verändert sich, nichts ist beständig, nicht einmal das Universum. Der Buddhismus weist in dieser Hinsicht eine erstaunliche Nähe zur europäischen Philosophie auf, da diese Einsicht fast eins zu eins in das »panta rhei« (»alles fließt«) des altgriechischen Philosophen Heraklit übersetzt werden kann. Damals herrschte zwischen den Hellenen und dem fernen Osten eine durchaus rege und fruchtbare Beziehung und so wundert es nicht, dass sich etliche Ansätze der beiden Philosophien überschneiden. Vergleicht man dies mit der heutigen Situation, so muss man zugeben, dass es eigentlich nur noch einen Austausch im Bereich des Handels mit Waren und Technologie gibt, da dies anscheinend das Einzige ist, was die Menschen in unserer westlichen Welt noch zu interessieren scheint.

In einer TV-Abendvorstellung wird uns in der Meditationshalle ein Teaching des Lama vorgeführt, der dieses Kloster vor mehreren Jahrzehnten mitgegründet hat. Die Dokumentation enthält vieles von dem Wissen, das ich mir über die letzten Tage bereits angeeignet oder durch Studium in der Bibliothek gelernt habe. Durch die permanente Wiederholung der buddhistischen Thesen und Lehren fällt es mir immer leichter, diese zu verinnerlichen. Ich zwinge mich, einen großen Teil der Zeit im Schneidersitz zu verbringen, der eigentlichen Grundhaltung eines buddhistischen Mönchs, was mir auch erstaunlich gut gelingt. Plötzlich gehen mitten in der Vorführung das Fernsehgerät und das Licht aus und wir sitzen versammelt in totaler Dunkelheit. Da sich an dieser Situation nichts zu ändern scheint, räumen wir, so gut es geht, auf und tasten uns ins Freie. Den Rest des Abends verbringe ich beim Licht einer Taschenlampe in meinem Zimmer, was irgendwie sehr romantisch ist, auch wenn es beim Zähneputzen ein wenig stört.

Als ich endlich im Bett liege, höre ich über mir plötzlich Geräusche, als würde jemand mit einem Besen über den Boden streichen. Dabei bewegt sich der Ton nicht von der Stelle, sondern verharrt stattdessen auf derselben Fläche. Ich wundere mich ein wenig über dieses nicht identifizierbare Geräusch, schlafe in Gedanken darüber aber recht schnell ein.

*Montag, 2.4.2012*

# Der Baum

Kurz nach dem Aufstehen widme ich mich heute einem besonderen Auftrag meiner Arbeitskollegin Selma, die mich darum gebeten hat, ihr doch bitte einen Stein aus Nepal mitzubringen. Weiter oben auf dem Hügel entdecke ich wenig später ein passendes Objekt. Ob der wohl schon lange dort liegt? Wahrscheinlich könnte er eine lange Geschichte seiner Herkunft erzählen, die sicherlich sehr spannend wäre. In der Nähe entdecke ich auf einer kleinen Treppe eine Raupe, die ich nach kurzem Beobachten zurück ins Grüne trage. So etwas nennt man Achtsamkeit!

Bei der anschließenden Meditation versuche ich mir durch eine andere Anordnung meiner Sitzkissen eine bessere Ausgangslage für eine erfolgreiche Meditation zu verschaffen. So stopfe ich mir vier Meditationskissen unter den Hintern und nehme für die Füße ein großes viereckiges Kissen, darüber lege ich noch ein weicheres kleines Kissen. Derart schaffe ich es, ganze 20 Minuten mit geradem Rücken im Schneidersitz auszuhalten, was mich natürlich ungemein begeistert.

Kurz nach der Sitzung bekomme ich mit, wie wieder jemand aus dem Kloster verabschiedet wird, an dessen Gesicht ich mich mittlerweile gewöhnt hatte. Irgendwie finde ich es jedes Mal ein wenig schade, da mir die Nachfolger ja zu Anfang wieder fremd sein werden. Ich erinnere mich jedoch sofort an meine Übungen: Ich versuche bewusst, dies als Test meiner Fähigkeit zur »Überwindung von Anhaftung« zu betrachten, und strenge mich an, darin etwas Positives zu sehen.

Wäsche waschen ist mittlerweile ein tägliches Ritual für mich geworden, das ich mit Eifer immer sofort nach dem Mittagessen erledige. Am liebsten mag ich den Moment, wenn ich das schmutzige Wasser in den Ausguss gieße und beobachten kann, wie sich dieses weiter unten ins Erdreich ergießt.

Ich lasse mich insgesamt heute ein wenig treiben, erledige meine Dinge mit weniger Eile und versuche immer mal wieder, einfach »nichts zu tun«. Ich schmunzele oft bei dem Gedanken daran, wie das klingt, »nichts« tun. Tut man in Deutschland »nichts«, so ist damit meistens gemeint, dass man arbeitslos ist, oder man bekommt vom Psychiater gesagt, dass es einem an Motivation mangele und man dagegen etwas unternehmen solle. Hier hingegen ist »nichts tun« eine Königsdisziplin und verlangt wirkliche Konzentration. Andererseits tun ja auch Arbeitslose in Deutschland nicht »nichts«, sondern eben andere Sachen, die halt einfach nur nicht die eines Arbeitnehmers sind. Andererseits ist mein »nichts tun« ja nicht direkt »nichts« tun, immerhin atme ich, denke hin und wieder über etwas nach, lese ein Buch oder beobachte die Umgebung. Deklarieren wir das »nichts tun« hier am besten einfach mit »nichts tun, was mit Erfolg, Karriere, Druck, Ansehen oder Einkommen zu tun hat«. Om.

Am Nachmittag beschäftige ich mich mit der Theorie des Karmas und schmökere dazu in etlichen Büchern.

Karma meint ungefähr, dass alles das, was man tut, die eigene Zukunft aktiv bestimmt. Jede Aktion ruft demnach eine Reaktion hervor. Beziehe ich dies auf mein persönliches Leben, so kann ich mir sicher sein, dass ich später definitiv in die Hölle komme oder mit etwas Glück als Hungergeist reinkarniere. Mit noch etwas mehr Glück steht mir eine Wiedergeburt als animalische Lebensform zu, diese Kulanz ist möglich, weil ich bisher einfach keine Ahnung davon hatte, dass man Mücken nicht einfach totschlagen soll, und ich daher unwissentlich handelte. Kulanz ist allerdings kein buddhistischer Begriff und davon steht auch nichts in dem Buch, weshalb ich wohl umsonst hoffe. Auch sind Dinge wie Lügen, Stehlen und Lästern nicht gerade hoch angesehen im Buddhismus, ich sollte mir da vielleicht wirklich Gedanken machen!

Auf den Schock setze ich mich erst einmal lange an den Eingang des Klosters und beobachte die Touristen, die sich tagtäglich hierherverirren. Es ist ein wenig wie im Zoo: Sie kommen, gaffen, plaudern und verschwinden wieder. Ich tue, quasi von der Innenseite des Käfigs her, dasselbe, nur dass ich dabei nicht plappere.

Insgesamt fühle ich mich heute prächtig und bin zutiefst zufrieden. Zufrieden ohne TV, Tageszeitung, Auto, Internet, Freunde und Waschmaschine. Wer hätte das gedacht.

Am späten Nachmittag verspüre ich den Drang, mir noch ein wenig die Beine zu vertreten. Deshalb nehme ich mir vor, den Hügel einmal komplett hinab- und dann wieder hinaufzuwandern. Unterwegs kommt mir ein Nepalese mit einer Schubkarre entgegen, die er, während ich bergabstolpernd schon ins Schwitzen komme, scheinbar mühelos den steilen Berg nach oben bugsiert. Erstaunt überlege ich, welche verborgene Magie er wohl anwenden mag. Ein wenig später sehe ich dann in der Ferne eine alte Frau einen Acker bearbeiten, auch diese scheint nur so vor Kraft und Wille zu strotzen. Am Wendepunkt meines Ausflugs treffe ich noch eine Nonne aus dem Kloster, die mich freundlich grüßt. Ich frage sie, ob es im Kloster vielleicht einen Job oder eine feste Aufgabe für mich gibt, und werde an eine andere Nonne mit Namen Ani Franziska verwiesen, die mir wohl weiterhelfen könne. Zurück von meiner Wanderung, suche ich diese in ihrem Raum auf und frage sie nach Möglichkeiten, mich im Kloster einzubringen. Ich werde gefragt, was ich denn anzubieten habe, und stottere in schlechtem Englisch vor mich hin, dass ich in Deutschland Online-Trainings konzipiere. Daraufhin fragt Ani Franziska mich, was ich denn mit meinen bloßen Händen anstellen könne, worauf mir in diesem Moment absolut keine Antwort einfällt. Ich schweige nahezu eine Minute und schaue ziemlich verdutzt drein, sage: »Äh…«, lächele leicht beschämt, verbeuge mich und verlasse den Raum. Ani Franziska ruft mir hinterher, dass sie noch mal über eine mögliche Beschäftigung nachdenken werde und ich gerne jederzeit wiederkommen dürfe.

Während des wohlverdienten Abendessens unterhalte ich mich mit einer Buddhistin aus Skandinavien. Es stellt sich heraus, dass sie vollkommen überzeugt von der buddhistischen Lehre ist und somit vollen Ernstes an Hungergeister und die Hölle glaubt. Ich bin tief beeindruckt und lasse mir erklären, dass es bei den Buddhisten nicht nur eine Hölle oder einen Himmel gibt, sondern verschiedene Höllen und verschiedene Himmel mit je verschiedenen Temperaturen und unterschiedlicher Gestaltung, was sich natürlich insgesamt drastisch von der Lehre der katholischen Religion unterscheidet. Beim Leben als Buddhist kommt es darauf an, wie viele Tage man gut oder schlecht verlebt hat, und daraus ergibt sich dann die Stufe und Qualität der Wiedergeburt. Hungergeister sind eine Stufe unter dem Menschen angesiedelt. Diese leben zwar mitten unter uns, also auch auf dieser Welt, sind aber weder sichtbar, noch haben sie irgendwie physikalischen Einfluss, weshalb sie nichts bewegen oder verändern können. Sie sehen also unsere Speisen und Getränke, können diese aber nicht verzehren, daher der Name Hungergeister. Eine Stufe unter dem Hungergeist stehen die tierischen Lebensformen. Tiere sind nach der buddhistischen Leere ständig in Furcht und auf der Flucht, weshalb auch diese Reinkarnation bei Weitem keine empfehlenswerte ist. Unter dieser Stufe liegen dann die verschiedenen Höllen, erst die kalte bis hin zur heißen Hölle. Im Gegenteil dazu sind die höheren Stufen das eigentliche Ziel des Menschen. Über dem Menschen gibt es die Reinkarnation als Halbgott und dann als Gott. Alle diese Stufen unterliegen allerdings insgesamt immer noch dem Kreislauf des »Samsara«, was bedeutet, dass Leiden und Unzufriedenheit auf jeder Stufe generell vorhanden sind. Dies ist der Grund, weshalb man sich so oder so verhält und auf Basis dessen die verschiedenen Stufen immer wieder erreicht und verlässt. Aufgrund dieser Anordnung ist im Leben, das einzig gedacht ist als Vorbereitung auf das künftige Leben, alles möglich, vom Aufstieg von der Hölle in die höchste Götterwelt bis zum Abstieg aus jener wieder zurück in die Hölle. Insgesamt ist das Durchbrechen dieses ewigen Kreislaufes der Reinkarnation das eigentliche Ziel des Menschen. Es bedeutet den Einzug ins Nirwana und den damit verbundenen ewigen Frieden. Dieser Weg führt nur über die Erleuchtung, die das höchste Ziel des menschlichen Lebens ist. Erleuchtet ist eines fernen Tages derjenige, der nicht lügt, nicht lästert, für andere da ist und so weiter.

Mit zwei weiteren Teilnehmern schwadroniere ich im Anschluss über den Sinn des Lebens und die dazugehörige Vorstellung von einem »richtigen« Leben. Für uns drei steht ziemlich schnell fest, dass es den Sinn des Lebens überhaupt nicht gibt und dass es einzig und alleine wichtig ist, seinem Leben eine Bedeutung zu verpassen. Ein wirklich schöner Kalenderspruch!

Später treffen wir uns alle zu einer spontanen Gartenparty auf der Wiese vor der Meditationshalle. Wir sitzen gemütlich unter einem großen Baum und genießen die angeregte Stimmung. Der uns überragende Baum ist wirklich riesig und hat sehr dicke Äste, die sich verschlungen und dicht belaubt weit in den Raum bewegen und uns so ein optimales Dach für unsere Zusammenkunft bieten. So liegen wir unter dem Schutz des alten Freundes auf Decken und Matratzen und reden und schweigen bis tief in die Nacht, bis wir schließlich einer nach dem anderen zufrieden einschlummern.

*Dienstag, 3.4.2012*

## 100 000 Mantren

Irgendwann nachts werde ich wach. Die Uhr zeigt zwei, lange habe ich also nicht geschlafen. Das bereits erwähnte Hundeorchester ist hier draußen natürlich noch lauter, ob ich davon wach geworden bin? Vielleicht war es aber auch eine der unzähligen Stechmücken, die über uns kreisen und wahrscheinlich ihr Glück kaum fassen können. Immerhin liegt es sich auf der Matratze hier auf der Wiese deutlich weicher als auf dem Lattenrost im Zimmer, trotzdem ziehe ich es vor, mich in meine Gemächer zurückzuziehen. Unterwegs juckt meine Stirn fürchterlich und ich merke, dass ich dort einige Stiche abbekommen habe. Irgendwie scheinen mir diese Viecher auch gefolgt zu sein, denn zurück in meiner Unterkunft geht das blutige Festmahl fröhlich weiter. Natürlich halte ich mich an meine buddhistischen Pflichten und töte keine einzige Mücke, Karmabilanz: plus eins! Erneut schlafe ich irgendwann ein.

Ich liege auf etwas Stroh auf dem nackten Boden. Um mich herum befinden sich Gitterstäbe, dahinter ist nur schwarze Leere. Plötzlich fällt mir auf, dass mein Mund weit offen steht und ich ihn einfach nicht schließen kann. Panisch versuche ich es mit vollster Anstrengung, doch es funktioniert einfach nicht. Von irgendwo hinter den Gitterstäben her ertönen zudem permanent Stimmen, die im Chor hämisch etwas von »Noch 40 Jahre« murmeln und sich damit eindeutig auf mich beziehen. Wie von Sinnen schreie ich um Hilfe und wie manisch presse mir mit beiden Händen den Mund zusammen, doch dieser gibt einfach nicht nach und steht weiter sperrangelweit offen. Es fühlt sich an, als würde die Zeit stillstehen, und mein Körper bewegt sich wie Kaugummi. Ich wälze mich auf dem Boden umher und flehe um Gnade, doch meine Schreie verhallen im Nichts und immer wieder höre ich nur: »Noch 40 Jahre, nur noch 40 Jahre …«

Ich schrecke hoch und merke, dass ich völlig durchgeschwitzt bin. Was für ein schrecklicher Traum. Parallel zu der Freude darüber, dass ich dieser Situation entkommen bin, frage ich mich, ob dieser Alptraum mit dem Tischgespräch über Karma, Hölle und Reinkarnation zu tun hatte, und mache mir so langsam wirklich ein paar Sorgen bezüglich der rückblickenden Bewertung meines bisherigen Lebens.

Früh am Morgen erinnern mich lediglich die Mückenstiche auf meiner Stirn an die unruhige Nacht und die Sorgen über den Alptraum sind zum Glück wie weggeblasen. Ich freue mich darüber, dass ich keine einzige Mücke totgeschlagen habe, und betrachte dies als Kampfansage gegen das Leben als »Hungry Ghost« und als gelungenen Startschuss für mein besseres Karma.

Ich schnappe mir meinen Notizblock, den ich in Köln und auf Reisen immer bei mir trage, und stöbere ein wenig darin. Viele Seiten der »To-do-Liste« konnte ich bereits herausreißen, andere Dinge, wie »Neuen Schrank kaufen« oder »Freizeitpark besuchen«, streiche ich erst einmal. Dann erstelle ich mir auf einer frischen Seite eine Art Tagesablauf für die Zeit nach meinem Aufenthalt hier, um mich später, zurück in Deutschland, an meine Vorhaben zu erinnern:

6:00 Uhr: Aufstehen und Meditieren
6:30 Uhr: Duschen
7:00 Uhr: Frühstück
7:20 Uhr: Zur Arbeit fahren
8:00 Uhr: Arbeiten
18:00 Uhr: Feierabend
22:00 Uhr: Schlafen

Während ich den Notizblock zufrieden zurück in die Schublade meines Schreibtisches packe, erinnere ich mich plötzlich an mein Handy, das ich im Safe an der Rezeption gebunkert habe. Seit dem Abflug in Frankfurt habe ich es nicht mehr eingeschaltet und deshalb schon fast vergessen. Ein wenig wundert es mich schon, aber ich vermisse es überhaupt nicht und ich muss mir selbst eingestehen, dass ich eigentlich momentan überhaupt nichts vermisse. Zwar freue ich mich auf das Wiedersehen mit Familie, Freunden und Kollegen, aber hier und im Moment bin ich glücklich darüber, für mich alleine zu sein.

Zufrieden verbringe ich den Großteil des Tages im Bett liegend mit Literatur. Eigentlich lese ich hier neben dem Reiseführer nur Bücher über den Buddhismus und dessen Theorie, man könnte auch sagen: »Dharma-Literatur«. Mir macht das überhaupt nichts aus, denn ich finde das alles sehr spannend.

Gegen Nachmittag entlädt sich, wie um meinen langen Aufenthalt im eigenen Bett zu rechtfertigen, über dem Kloster ein heftiges Gewitter. Aus dem Fenster beobachte ich, wie fast eine Stunde lang alles im Dunkeln liegt und der Regen heftige Sturzbäche entstehen lässt. Ganz kalt wird es und einmal kommt es mir vor, als könne ich das Brutzeln eines Blitzes hören, der in der Nähe eingeschlagen sein muss. Ich erinnere mich daran, wie ich als Kind ähnlich aufgeregt ein Gewitter beobachtete. Ungefähr 30 Jahre muss das jetzt her sein, irgendwann in der Zeit, als ich mit meinen Eltern in einem Hochhaus gewohnt habe, ganz genau weiß ich es allerdings nicht mehr.

Beim Abendessen unterhalte ich mich erneut mit der gläubigen Buddhistin aus Skandinavien. Wie viele hier hat Barbara ihr altes Leben hinter sich gelassen und irgendwann einen radikalen Neuanfang gewagt. Sie hat ihre Wohnung verkauft, ihren Job im Personalbereich gekündigt und belegt von dem übrig gebliebenen Geld jetzt größtenteils buddhistische Kurse und Retreats. Später möchte sie ihr Wissen anderen mit sogenannten Familienaufstellungen kostenfrei anbieten. Bei einer Familienaufstellung platziert die behandelte Person unter Aufsicht des Therapeuten Figuren oder Menschen in einem Raum und baut derart ihre eigene Familie nach. Dann wird nach der Art geschaut, wie die Personen platziert wurden, und deren Stellung im Raum erläutert. Wenn Menschen auf diese Weise positioniert werden, so erläutern diese selbst die Sicht auf sie und die Gefühle, die andere für sie empfinden. Dies führt zu Erkenntnissen bezüglich der eigenen Wertschätzung und des Verhältnisses zu den Mitmenschen. Barbara erzählt mir zudem vom sogenannten »100 000-Mantra-Retreat«, bei welchem man drei Monate lang jeden Tag acht Stunden lang immer das gleiche Mantra spricht und sich, außer in der mit Essen und Toilette verbrachten Zeit, mit fast nichts anderem beschäftigt. Ziel dieser Übung ist es, durch Anstrengung Gefühle der Frustration und der Trauer hervorzurufen, die sich auf diese Art befreien und entladen können. So heilt man sich von allen alten Wunden und danach soll es einem deutlich besser gehen. Ich persönlich glaube nicht, dass ich mir das jemals antun werde, obwohl es, wie so vieles, was mir hier erzählt wird, wirklich aufregend und für das eigene Wohlbefinden hilfreich klingt.

*Mittwoch, 4.4.2012*

# Never give up!

Heute ist der zwölfte Tag meines Aufenthalts hier und ich verspüre zum ersten Mal so etwas wie das Gefühl einer Routine. Es ist ein wenig wie damals an der Universität, als man wenige Tage vor der Klausur meist das Gefühl hatte, jetzt eigentlich das Wesentliche zu wissen und sich mal wieder ein wenig Freizeit gönnen zu können – was ja, wie die meisten wissen, tatsächlich auch immer eine gute Idee war, weil es einen wieder auf andere Gedanken brachte. Zudem konnte man damals den ganzen Stoff einfach nach einiger Zeit nicht mehr sehen und war froh, ein wenig Abstand zu gewinnen, um dann erneut wieder konzentriert bei der Sache sein zu können. So habe ich heute wenig Lust auf Gespräche und schlendere ein wenig die Gegend außerhalb des Klosters ab. In meinem Rucksack habe ich einige Bücher mitgenommen und ich setze mich immer mal wieder für eine Zeit hin und lese darin. Langeweile kommt zumindest nicht auf und zudem habe ich immer noch das Gefühl, etwas Sinnvolles zu tun ... aber was eigentlich genau?

Ich wandere letztlich erneut zum Stupa von Bodnath, wähle aber eine etwas andere Route als beim letzten Mal. Diesmal funktioniert dies, auch ohne dass ich mich verlaufe, und so erreiche ich das große Monument schon nach einer guten halben Stunde. Lange beobachte ich den hektisch hupenden Verkehr, dabei sitze ich ganz minimalistisch auf einem Bordstein in der Nähe der Straße.

Auf dem Rückweg zum Kloster verlaufe ich mich diesmal vollständig. Irgendwie schaffe ich es, auf einem völlig falschen Hügel anzukommen, und muss völlig verschwitzt feststellen, dass es hier nichts gibt außer Bäume, Felsen und Wiesen. Ich werde ein wenig aggressiv und beginne zu fluchen, da ich jetzt wahrscheinlich das Teaching verpasse, an dem ich unbedingt teilnehmen wollte. Also beginne ich in ungefähr doppeltem Tempo den Hügel wieder hinabzusteigen und orientiere mich dann zum Glück richtig, so dass ich wutschnaubend, völlig außer Atem und relativ verschwitzt kurz vor Beginn des Teachings das Kloster erreiche. In dieser Grundverfassung schaffe ich es natürlich nicht, mich auch nur im Geringsten zu entspannen und auf das Teaching einzulassen, bei dem es heute um die Suche nach dem »wahren Ich« geht, das sich irgendwo hinter Körper, Seele und Bewusstsein versteckt.

Vollkommen ausgelaugt, bin ich ziemlich genervt von allem und das nervt mich noch viel mehr. Vor allem eine Dame neben mir bringt mich zur Weißglut, indem sie einfach völlig kerzengerade ihre Meditation durchführt, während alle anderen eigentlich mehr »hängen«. Immer wieder schaue ich zu ihr hin und immer sitzt sie völlig kerzengerade dort und lässt sich nicht aus der Ruhe bringen. Ich empfinde das als Frechheit und Angeberei und schlucke meinen Ärger darüber nur mit größter Mühe runter. Auch nerven mich zwei Neuankömmlinge, die zusammen haargenau dem Bild entsprechen, das ich von Adam und Eva habe, so richtig biblisch und altbacken.

Und was mich am allermeisten an den beiden aufregt: Sie wirken glücklich!

Ich verstehe überhaupt nicht, was mit mir los ist, aber irgendwie beginnt mich alles immer mehr zu nerven. Vor allem die anderen Gäste vertrage ich heute überhaupt nicht und irgendwie will ich nur noch meine Ruhe haben und niemanden mehr sehen. Ich verlasse das Teaching vor dem offiziellen Ende und versuche mich ein wenig abzulenken und zu entspannen. Aber wie? Ins Internet gehen und ein paar Katzenvideos gucken? Eine Folge *Simpsons* im TV schauen oder im Coffeeshop Pommes mit Mayo essen? Eigentlich fällt mir gerade nicht wirklich etwas ein, das mich auf andere Gedanken bringen könnte.

Beim Teaching zuvor ging es auch um das Thema »Never give up!«, wie passend. Vielleicht habe ich einfach übertrieben und bin zu schnell an die Sache rangegangen, habe zu viel in mich reingelassen, was nun nicht weiß, wo es sich in mir aufhalten soll. Vielleicht war es auch alles nur eine Illusion und ich missverstehe mein wahres Wesen, das eigentlich genau so leben will, wie es in Deutschland gewohnt ist zu leben. Vielleicht brauche ich den Konsum, die Sünde und das normale westliche Leben mehr, als ich es wahrhaben will.

Auch beim Abendessen bessert sich meine Stimmung nicht wirklich. Ich lerne Gwen kennen, die aus Neuseeland kommt und seit einiger Zeit im Kathmandu an einem »Healing«-Kurs teilnimmt und dies auch selbst betreibt. Sie hat später vor, zusammen mit einem Lama eine Reiki-Klinik in Kathmandu zu eröffnen. Deshalb muss sie um Punkt 19:00 Uhr zu einer Healing-Session.

Healing klingt heute für mich – weil ich es nicht anders klingen lassen will – ziemlich nach Wunderheilung und ich frage mich, wo ich hier eigentlich gelandet bin! So flüchte ich mich an einen anderen Tisch, an dem ein harmlos wirkender Mann sitzt, der auf den ersten Blick wie ein durchschnittlicher deutscher Buchhalter aussieht und sich im anschließenden Gespräch als Sozialarbeiter aus Bad Kreuznach entpuppt. Er schwärmt ohne Unterlass von einem buddhistischen Zentrum in seiner Stadt, mit einem eigenen Stupa, und baut in jedem Satz meinen Namen ein. Er wirkt sehr glücklich und sehr bei sich, wenn er darüber spricht. So viel Glück macht mich gerade aber leider aggressiv. Auch sein Gefasel rund um Heilung, Erlösung und Lebenssinn geht mir ziemlich auf die Nerven und so verabschiede ich mich förmlich, ziehe mich auf mein Zimmer zurück und lege mich sofort ins Bett. Ich denke ernsthaft über einen Abbruch der Reise nach. Ich bin todunglücklich. Und fühle mich alleine. Ich gehe im Kopf durch, wie ich so schnell wie möglich wieder nach Hause komme. Ich müsste vermutlich nur den Koffer packen, mit Sack und Pack zum Flughafen fahren und dort mit der Kreditkarte wedeln. Wenige Stunden später säße ich dann bestimmt schon wieder im ICE von Frankfurt nach Köln und könnte dort ein ordentliches Baguette essen und eine Tageszeitung lesen. Könnte ich. Aber was würden meine Freunde in Köln sagen, wenn ich früher als gedacht und gänzlich unentspannt wieder zu Hause erschiene? Dann wäre ich vermutlich nicht der Held, der 32 Tage in einem Kloster in Nepal überlebt hat. Keine angenehme Vorstellung. Okay, ich bin einfach zu stolz für einen Abbruch. Heute ist Stolz also eine für mich hilfreiche Eigenschaft. Ich bleibe hier. Nach diesem Fazit will ich einfach nur noch schlafen!

*Donnerstag, 5.4.2012*

## Lecker Essen

Ich liege am nächsten Morgen bis 10:00 Uhr im Bett und verspüre nicht die geringste Lust aufzustehen. Meine Gedanken drehen sich im Kreis und suchen nach einer Erklärung für meine Gefühlslage, ohne zu einem Ergebnis zu kommen.

Mit leichten Kopfschmerzen verlasse ich mein Zimmer, drehe ein paar Runden um den hauseigenen Stupa und setze mich in die Bibliothek, um in der *Art of Happiness* zu blättern. Beim anschließenden Mittagessen fällt mir auf, dass von den alten Gästen fast niemand mehr da ist und die neuen noch nicht eingetroffen sind, nur eine Hand voll Leute ist noch hier. Ich habe keine Lust auf Meditation und lasse diese heute zum ersten Mal seit meiner Ankunft schleifen. Ich fühle mich nicht wirklich motivierter als gestern und sehe mich schon wieder mit einem Fuß im Flieger zurück nach Deutschland. Da helfen auch die lauwarmen Pommes nicht, die heute als Beilage serviert werden und von denen ich bergeweise verdrücke, reinste Pleasure! Ich beobachte, wie Anke sich angeregt mit Füßen und Händen mit einer nepalesischen Putzfrau unterhält, und wünsche mir ein wenig, auch einen solchen Elan zu besitzen.

Um meinen Vater anzurufen, gehe ich erneut hinunter ins Dorf. Ich betrete ein Internet-Café und wähle die Verbindung, muss dann aber leider feststellen, dass ich meinen Dad zwar höre, aber selbst nicht gehört werde. In einem weiteren Café ist das Internet momentan leider überhaupt nicht vorhanden, beim dritten Anbieter funktioniert es dann endlich und ich führe ein sehr langes Gespräch. Ich erzähle ihm, wie sich in den wenigen Tagen bereits meine Einstellung zu Besitz und dem wirklich Wichtigen im Leben geändert hat. Wie ich nach meiner Rückkehr direkt beginnen will, meinen Haushalt zu entrümpeln, und dass ich ja eigentlich viel lieber auf dem Land leben möchte als in Köln-Lindenthal. Ich staune selbst, welche Begeisterung ich dabei aufbringe, ihm minutenlang davon zu erzählen, wie ich hier meine Unterhosen von Hand wasche und was wir hier für tolle Gewitter und Schmetterlinge haben. Seine Antwort, dass ich in Köln ja einfach auch mal die Wäsche von Hand waschen kann, und seine Frage, warum man eigentlich nach Nepal fliegen muss, um Schmetterlinge zu beobachten, stimmen mich dann durchaus nachdenklich.

Beim Heraustreten aus dem Café fällt mir ein Junge auf, der vor einem Supermarkt Spenden für bedürftige Kinder sammelt. Ich gebe ihm mein gesamtes Kleingeld und bekomme dafür sogar eine aufwendig ausgefüllte Quittung. Trotz dieser scheinbaren Seriosität achte ich permanent auf meine Wertsachen, ein wenig schäme ich mich zwar dafür, aber sicher ist sicher! Auf dem Rückweg sehe ich auf einem Feld eine alte Frau mit einer noch älteren Schaufel einen Graben ausheben, daneben stehen zwei Männer und geben Ratschläge. Andere Länder, andere Sitten.

Zurück im Kloster, unterhält sich dort die Norwegerin Anke noch immer angeregt mit Hinz und Kunz, aber soll sie doch. Ich suche erneut die Bibliothek auf und kaufe mir zudem im Klostershop drei CDs, voll mit Meditationen und Informationen rund um den Buddhismus, zudem die hauseigene DVD. Während ich die Einkäufe in mein Zimmer bringe, fällt mir ein, dass morgen der offizielle Kurs beginnt und bis dahin 120 neue, hochmotivierte Gäste aus aller Welt anreisen. Ani Kirsten hat uns gestern diese beeindruckende Anmeldezahl mitgeteilt. Ich bin gespannt, aus welchen Ländern meine neuen Bekanntschaften stammen werden. Natürlich möchte ich dieses Anreisespektakel nicht verpassen, aber nur aus einer sicheren Entfernung. So setze ich mich in den Coffeeshop mit Blick auf den Hof und bestelle mir eine Portion vegetarische Momos, das sind gedämpfte, mit Gemüse gefüllte Teigtaschen, die ich tatsächlich auf einem richtigen Teller mit einer richtigen Gabel serviert bekomme. Ein Taxi nach dem anderen kommt an und bringt neue Gäste. Ich schaue aber nur aus den Augenwinkeln hin und bin voll und ganz beim Essen. Für mich fühlt sich das in diesem Moment wie der pure Luxus an und ich würde die Momos nicht gegen einen BMW oder eine goldene Uhr tauschen wollen! Ich lerne Daniel kennen, der aus Kanada stammt. Wie schön, wir können Englisch reden. Daniel lebt aber seit vielen Jahren in Deutschland und antwortet mir daher natürlich nicht auf Englisch. Nach einiger Zeit rede ich dann ebenfalls Deutsch mit ihm. Er ist gerade frisch im Ruhestand und möchte sich neu sortieren. Der nun beginnende Lebensabschnitt ende ja schließlich mit dem Tode. Ich zucke bei dieser Aussage zusammen. In meinem Leben kam bisher nach jedem Abschnitt ein neuer Abschnitt. Dass damit irgendwann einmal Schluss sein wird, kam mir noch nicht in den Sinn. Mir wird wieder einmal bewusst, wie viele Möglichkeiten ich in meinen doch relativ jungen Jahren noch so habe. Und erstmals frage ich mich, wie sich jemand eigentlich fühlen muss, der sein Arbeitsleben bereits hinter sich hat und zumindest beruflich »nicht mehr gebraucht wird«. Ich frage nicht nur mich, sondern auch Daniel danach. Er zögert, stellt dann aber fest, im Augenblick erst einmal voll und ganz hier in Nepal zu sein, genau wie ich ja auch. Und glücklich sei er jetzt. Alles andere werde sich zeigen. Nach dem Klosteraufenthalt möchte Daniel noch weiter durch Nepal ziehen und schauen, was sich so ergibt. Ich werde es vermutlich nie erfahren.

Am Abend regnet es und ich meditiere still und einsam in meinem Zimmer. Da dies sehr gut funktioniert, überlege ich, die Meditationshalle vorerst nicht mehr aufzusuchen und hier für mich meine eigenen Übungen zu machen.

Wenig später suche ich erneut den Coffeeshop auf und betrachte fasziniert die dort angebotenen Waren. Sogar Coco-Pops gibt es hier und ich fühle mich ein wenig wie ein Ossi nach der Wende. Ich verzichte allerdings und kaufe mir nichts. So etwas nennt man »sich sattsehen«!

Zurück im Zimmer, zähle ich zum ersten Mal die Tage meines Aufenthalts und überlege, ob ich nicht einfach schon zu lange hier bin. Vielleicht ist es aber auch nur eine Art Heimweh, was mich gerade so schwächeln lässt. Ich lege mich heute früh ins Bett, um morgen möglichst ausgeschlafen zu sein, denn dann beginnt hier im Kloster ein neuer Abschnitt, der sicherlich noch wilder und aufregender wird als die Zeit bisher. Ein wenig fühlt es sich an wie der Abend vor dem ersten Schultag.

*Freitag, 6.4.2012*

# Schulanfang

Schon früh klingelt der Wecker. Der Tag beginnt, die Sonne scheint, die Vögel zwitschern, willkommen, du schönes Leben! Ich lüfte mein Zimmer nach guter alter deutscher Art und hänge meine gestern frisch gewaschene Wäsche ein wenig in die Sonne, da mir auffällt, dass diese irgendwie leicht nach nassem Hund riecht, was mir allerdings die gute Laune nicht im geringsten verdirbt. Auf zum Frühstück!

Neben einer mysteriösen blonden Frau bin ich mittlerweile der Gast, der schon am längsten hier ist. Anke erzählt mir, dass die geheimnisvolle Frau schon fast ein halbes Jahr anwesend sei und mit kaum jemandem spreche, da sie mit sich selbst im Reinen und daher wunschlos glücklich sei. Nur mit Anke hat sie wohl einmal ein paar Worte gewechselt, wie könnte es auch anders sein. Irgendwie bewundere ich Anke allerdings dafür. Insgesamt bin ich heute wie ausgetauscht.

Im Eingangsbereich des Klostergeländes beobachten wir wenig später eine Hundemutter, die mit ihren kleinen Welpen fröhlich umhertollt, was natürlich bei den Besuchern die Attraktion überhaupt ist. Bisher haben die Hunde mit ihrer Mutter auf dem Dach des Coffeeshops in einem abgesperrten Bereich gelebt, heute dürfen sie zum ersten Mal die Umgebung erkunden. Natürlich vollziehen sie dies mit absoluter Begeisterung und rauben ihrer Hundemutter, die alles unter Kontrolle halten will, den letzten Nerv.

Zwischen dem Frühstück und dem Mittagessen gönne ich mir noch mal die vegetarischen Momos aus dem Coffeeshop und nehme mir, während ich sie esse, fest vor, dass ich später nach dem zehntägigen Seminar runter nach Kathmandu laufe und mir einen schönen, saftigen und großen amerikanischen Burger gönne – was sein muss, muss sein! Heute habe ich auch wieder die Kraft, über meine Zukunft nachzudenken. Meine Aufgabe im Bereich der Personalentwicklung gefällt mir eigentlich ganz gut, aber ich möchte noch näher am Menschen tätig sein. Vielleicht als Azubi-Trainer? Auch ist mir das kontinuierliche Arbeiten mit einer festen Gruppe wichtig, weil ich Erfolge sehen will. Vielleicht sollte ich doch Lehrer an einer Berufsschule werden oder sogar an einem Internat. Auch überdenke ich meine Wohnsituation. Ich träume davon, ein wenig mehr Ruhe zu haben, vielleicht ein Haus im Grünen? Oder eine Wohnung in einem Hochhaus, ganz oben, mit einer tollen Aussicht! Nee, lieber einen Garten. Zudem möchte ich weiterhin ehrenamtlich beim Hochschulradio tätig sein – hier war ich bereits als Student aktiv und bin es immer noch als Alumni – und meine Tätigkeiten im freiwilligen Bereich vielleicht noch etwas weiter ausbauen. Aber erst einmal abwarten und zuhause ankommen, noch ist es eine lange Zeit!

*Learning: Ich will eine Erdgeschosswohnung mit Garten.*

Kurz vor Mittag schlendere ich erneut ins Tal hinunter, esse ein Snickers und trete den Weg zurück ins Kloster an. Unterwegs begegnen mir viele Hunde, die mich freudig begrüßen und kein Revier zu verteidigen scheinen.

Im Innenhof des Klosters herrscht jetzt reges Treiben. Noch immer trudeln Gäste ein, die sich zunächst in diverse Listen eintragen und mit Informationen versorgt werden. Die meisten der Ankömmlinge sind sehr jung, aber von ihrem Aussehen und ihrem Verhalten her sehr gemischt. Vom sogenannten »Used-Look« mit Rastazöpfen bis zum Otto Normalverbraucher ist alles vertreten. Auch ein deutsches Paar ist unter den neuen Gästen. Mit striktem Ton macht die Dame ihrem Mann lautstark Ansagen, was zu tun sei.

Wenig später, um Punkt 17:00 Uhr, beginnt die Einführungsveranstaltung für den Meditationskurs. Der Speisesaal hat eine Geräuschkulisse wie im Asta-Café der Uni Köln an glücklichen Tagen und eine Atmosphäre wie beim Speed-Dating. Mir gegenüber sitzt eine Frau aus Bayern, die Lisa heißt und die ich auf Ende 20 tippe. Der Kurs besteht aus 108 Frauen, die meisten jünger als 30. Und 12 Männern. Ich kann mich also nicht beklagen und habe ein wenig Sorge davor, mich vor lauter ausflippenden Hormonen nicht auf das Wesentliche konzentrieren zu können. Jetzt ist es zumindest vorbei mit dem Nachdenklichsein, jetzt heißt es Socialising! Die neu angekommenen Damen erinnern mich nun gar nicht mehr an die Astro-TV-Fraktion, sie sehen eher so aus wie die Darstellerinnen in *American Pie*. Allerdings sitzen sie mit leuchtenden Augen fleißig mitschreibend brav da, während die Begrüßung anläuft. Vielleicht wäre ein anderer Film ein gerechterer Vergleich.

Knapp eine Stunde später startet Phase zwei der Einführung, dazu versammeln wir uns alle in der mir vertrauten Meditationshalle. Diese platzt fast aus allen

Nähten und es fühlt sich für mich ein wenig an, als hätte ich wochenlang in einem leeren Theater geprobt und soll jetzt vor ausverkauftem Haus auftreten. Ani Kirsten nutzt zum ersten Mal das vorinstallierte Mikrofon und informiert die Gäste auf Englisch über die kommenden Tage. Nicht alle verstehen es. Zunächst werden die wenigen anwesenden Pärchen angewiesen, doch bitte das Händchenhalten zu unterlassen und generell die nächsten zehn Tage auf Kontakt jeglicher Art zu verzichten: »No touching!« Natürlich schauen sich die diversen Pärchen teils skeptisch, teils verwundert an und sehen dabei ein wenig aus wie Susi und Strolch in der Spaghetti-Szene. Außerdem sollen wir zehn Tage kein Internet nutzen und stattdessen pünktlich zu den Sitzungen kommen, dabei möglichst voller Konzentration sein und uns eigentlich generell nur mit buddhistischer Lehre beschäftigen. Zudem wird eine »Silence« eingeführt: Jeden Tag soll von 21:00 Uhr bis nach dem Frühstück am nächsten Tag geschwiegen und dabei auch jegliche Kommunikation durch Mimik oder Gestik unterlassen werden. Ziel ist es am Ende sogar, zwei Tage nur zu schweigen und auch das Mittagessen schweigsam zu verbringen. Auch die Handys mögen bitte zehn Tage komplett aus bleiben. Einiges an Gemurmel, allgemeine Fassungslosigkeit.

Beim Abendessen lande ich dummerweise an dem einzigen Tisch mit lauter Rentnern und betrachte dies als erste Meditationsübung: Ruhig sitzen, Atmen, den Mitmenschen danken – klappt wunderbar, ich bin zufrieden mit meiner Leistung! Nebenan vergnügen sich junge Schwedinnen. Meditieren fordert insgesamt größtenteils ein Fokussieren. Derart vermeidet man ein Abschweifen der Gedanken, denn zumeist versuchen diese aus dem Jetzt auszubrechen und in Erinnerungen zu schwelgen oder für die Zukunft zu planen. Meditieren ist ein wenig wie Holzhacken: Man konzentriert sich in Ruhe auf die Mitte des Scheites und schafft es so, immer auf die gleiche Stelle zu hacken. Nur so kann das Holz dann irgendwann brechen. Würde man mit dem Beil ständig abschweifen, kommt man nie weiter. Im Anschluss an das Abendessen wird ein Freiwilliger gesucht, der morgen früh um 5:45 Uhr die »Morning-Bell« läutet, was den Startschuss in den Tag bedeutet. Anke meldet sich sofort und freut sich wenig später über die Ernennung zur offiziellen Glöcknerin.

Zurück im Zimmer, stelle ich mir den Wecker auf 5:30 Uhr und nehme mir vor, morgen früh möglichst gepflegt und frisch wirkend zu erscheinen. Bedeutet: Noch vor der Sitzung Duschen und Haare stylen! Zudem heißt es ab jetzt erst einmal: Silence und Konzentration!

*Samstag, 7.4.2012*

# Erleuchtung

Um Punkt 5:45 Uhr läutet Anke die helle Glocke und läuft damit von Tür zu Tür. Ich befinde mich schon seit einer guten Viertelstunde im Halbschlaf und springe sofort aus dem Bett und dusche ausgiebig. Auch in den anderen Gästezimmern gegenüber wird es lebhafter, Licht springt an, Fenster öffnen sich, von allen Seiten dringen die Geräusche des hektischen Treibens zu mir, ein wenig wie in einer Kaserne beim Morgenappell.

Um Viertel nach sechs betrete ich den Speisesaal und blicke in teils müde, teils aufgeregte Gesichter. Zum ersten Mal sitze ich hier mit gemachten Haaren am Frühstückstisch, andererseits sitze ich aber auch zum ersten Mal mit ungefähr hundert mir fremden Frauen hier. Bedächtig schlürfen alle ihren Morgentee und jeder ist aufgrund der Silence konzentriert, sich möglichst passiv und ruhig zu verhalten, was insgesamt dazu führt, dass im ganzen Raum eine himmlische Ruhe herrscht. Langsam geht draußen die Sonne auf und strahlt hell in den Raum hinein. Noch immer redet niemand, ein wirklich überwältigendes Gefühl! Ich blicke zum Fenster hinaus über das weite Tal und weiß genau, dass die anderen das genauso grandios finden wie ich, ohne dass wir uns das mitteilen müssten. In Gedanken male ich mir mit Worten aus, was ich sehe, und überlege, wie ich es in mein Tagebuch schreiben werde, um es meinen Freunden und

Bekannten zuhause möglichst authentisch wiederzugeben. Es ist wirklich nicht einfach, ein derartiges Gefühl, wie ich es hier in diesem Raum, schweigend und die Szenerie betrachtend, empfinde, auf gelungene Art und Weise wiederzugeben, und letztlich glaube ich, dass es eigentlich nicht möglich ist.

Kurz nach dem kleinen Muntermacher beginnt die erste Morgenmeditation mit versammeltem Kurs. Zunächst konzentrieren wir uns auf unsere Atmung, was mir sehr schwerfällt, denn ich konzentriere mich natürlich mal wieder mehr auf die etlichen Huster, Schnupfer und Nieser der anderen Teilnehmer. Wie in einem Wartezimmer beim HNO-Arzt kommt es mir hier vor und in der Konsequenz ärgere ich mich natürlich prompt über alles und jeden: Wie kann man auch einfach mitten in eine Atemübung husten oder laut schniefen, während alles schweigt? Nehmen die anderen das überhaupt ernst hier? Bin ich mal wieder einer der wenigen, der weiß, wie man sich hier angemessen verhält und dass das hier ein buddhistisches Kloster ist und kein Lazarett? Wie soll man sich da konzentrieren können!

Schließlich beruhige ich mich und schaffe es, mich mehr auf mich selbst und meine Atmung zu konzentrieren. Ich stelle mir auf Anweisung vor, dass beim Einatmen jeweils weißes Licht, ein Symbol für Liebe, in mich hineinströmt und beim Ausatmen jeweils schwarzer Rauch, den Hass verkörpernd, aus mir herausquillt. Das Einatmen erfolgt dabei durch das linke Nasenloch, während man durch das rechte Nasenloch ausatmet. Dazu muss man sich natürlich immer das jeweils andere zuhalten. Schön, wie aus dem rechten Loch, symbolisch für Hass, Zorn, Anhaftung, Engstirnigkeit und Gier, der schwarze Qualm herauskriecht und ich sofort das Gefühl habe, innerlich gereinigt zu sein. Ich wiederhole die Übung jeweils fünf Mal, atme dann durch beide Nasenlöcher aus und spüre nach einiger Zeit deutlich, wie ich mich beruhige und insgesamt gelassener fühle. Die Fähigkeit zur Konzentration steigert sich und es kommt mir vor, als würde ich, ein wenig wie in den billigen Mangas, anfangen zu glühen und ein seichtes Licht auszustrahlen.

Nach dieser ersten Übung gibt es dann das Frühstück in Form von Haferschleim, gepaart mit der wunderbaren Aussicht über das Tal. Ich bin immer noch total in mich vertieft und merke wenig von dem, was um mich herum passiert. Ich fühle mich zunehmend glücklicher und bin bis jetzt sehr zufrieden mit dem Ablauf. Ich gehe kurz auf mein Zimmer und sinniere über das heute Morgen Erlebte. Nicht die anderen tragen Schuld an meiner Wut, sondern nur ich selbst. Nur ich alleine ärgere mich darüber, dass sich die Welt und die anderen nicht so verhalten, wie ich es mir wünsche. Ich mache mir klar, dass ich es bin, der sich beherrschen muss, und dass ich es bin, der lernen muss zu entscheiden, welchen Gefühlen ich Raum lasse und welchen nicht. Die Ursache liegt alleine in uns selbst.

Dann folgt mein erstes Teaching bei einem Geshe. Ein Geshe ist so etwas wie ein studierter Mönch, der die Kunst des Gebets professionell praktiziert und allgemein als Experte und Hüter des buddhistischen Wissens gilt. Das Teaching behandelt das Leben Buddhas und klärt uns über das »Mind« auf. Interessant ist seine Bemerkung, dass Buddhisten eigentlich Atheisten sind, da sie nicht an einen Schöpfergott glauben, sondern den Sinn des Lebens oder die höchste Kraft alles Seienden und die Ursache von allem lediglich in sich selbst suchen und dies mit und anhand des Karmas beschreiben und bewerten. Im Anschluss an die Sitzung diskutieren wir das soeben Erfahrene, dazu teilt Ani Kirsten die Anwesenden in kleinere Gruppen auf. Ich wünsche mir die Einteilung in eine möglichst internationale Gruppe, lande dann aber in einer Gruppe, die aus lauter Deutschen, Schweizern und Österreichern besteht. Treffe ich hier am Ende der Welt eigentlich nur Leute aus meiner Heimat? Nun ja, für unsere Gruppe gibt es extra eine deutschsprachige Diskussionsleiterin, was die Aufteilung zumindest plausibel erscheinen lässt. Mir wäre die Gruppe aus blonden Schwedinnen deutlich lieber gewesen, aber natürlich betrachte ich auch dies als Übung in Verzicht und gegen sexuelle Neigung.

Auch während des Mittagessens verweile ich in Silence. Ich gewöhne mich schnell daran, einfach still und konzentriert meine Mahlzeit zu mir zu nehmen, ohne dabei zu reden.

Das Teaching am Nachmittag ist aufgrund der miesen Übersetzerin wirklich katastrophal und man versteht kaum ein Wort von dem, was uns erzählt wird. Zum Glück wird es am Ende noch mal kurz zusammengefasst, so dass wir das Nötigste verinnerlichen können. In der anschließenden Diskussion in meiner »Deutscher-Sprachraum-Gruppe« sprechen wir über den Begriff des »Enlightenment«, was so viel wie Erleuchtung bedeutet. Die buddhistische Lehre besagt, dass Buddhisten so lange wiedergeboren werden, bis sie durch gute Taten und Befreiung von allem Anhaftenden die Erleuchtung finden und dann ins Nirwana eintreten. Mit Anhaftung ist das Festhalten an Dingen oder an Beziehungen oder Erlebnissen gemeint. Damit verbunden sind die Gier, immer mehr zu wollen, und die Enttäuschung, wenn man mal auf etwas verzichten muss. Davon soll man sich frei machen. Vor dem Hintergrund, dass kein Ding einfach so aus sich heraus existiert, sondern nur von Menschen konstruiert ist, wie wir von Tom anhand des Handy-Beispiels schon gelernt haben, klingt das für mich durchaus befreiend.

Andreas aus Österreich möchte von unserer Gruppenleiterin Hedwig wissen, ob diese selbst erleuchtet sei oder der Dalai-Lama, und bekommt als Antwort zu hören, dass dies natürlich nicht der Fall ist, weil sie oder der Dalai-Lama ja sonst schon im Nirwana wären. Das versteht in dieser Form auch Andreas.

Am Abend absolviere ich einen Küchendienst, zu welchem jeder Teilnehmer hier eingeteilt wird. Ich setze mir selbst eine Zeit und strebe gemäß meiner Natur nach Optimierung. So gebe ich Gas und erledige meine Aufgaben in Windeseile. Hin und wieder zeigt mir das Küchenpersonal, wie man bestimmte Dinge richtig macht, zum Beispiel das Auswringen eines Handtuchs, aber insgesamt mache ich meine Sache wohl sehr gut und zudem mit vollster Hingabe. In der Küche hilft ein weiterer männlicher Gast, den ich jetzt schon öfters hier habe arbeiten sehen. Völlig abwesend wirkt er und sagt zudem keinen Ton, still und konsequent erledigt er seine

Aufgaben. Ich bin gespannt, ob ich irgendwann noch etwas mehr über diese Person in Erfahrung bringen kann.

Nach dem Essen setze ich mich zu meiner deutschsprachigen Stammgruppe an den Tisch und höre mir an, was die Leute zu erzählen haben. Da ist zum Beispiel Rolf, ein Autohändler von der Mosel, der mir erklärt, warum Autos bei einem Online-Autohaus so viel günstiger sind als beim Händler. Ich bin regelrecht entzückt darüber, mal nicht über Buddhismus und Erleuchtung zu schwadronieren, und höre gespannt zu.

In der anschließenden Abendmeditation geht es darum, sich mit geschlossenen Augen Buddha zu visualisieren. Während uns Ani Kirsten mit ihrer ruhigen Stimme leitet, stellen wir uns vor, dass uns Buddha auf einem Kissen und mit seinem typischen herzhaft lächelnden Gesicht direkt gegenübersitzt und uns ins Gesicht schaut. Dann erscheint ein Lichtstrahl, der eine Verbindung zwischen uns und dem Buddha herstellt. Wir visualisieren, dass durch diesen Lichtstrahl ein Nektar fließt, welcher uns reinwäscht. Ganz hell ist dieser, bevor er uns erreicht, und hinter uns fließt er grau und schmutzig wieder ab. Durch die Anweisungen von Ani Kirsten fällt es mir leicht, mir diese Sachen vorzustellen, und ich habe wirklich das Gefühl, als würden diese Dinge wirklich stattfinden, ein herrliches Gefühl! Zum Höhepunkt dieser Zeremonie stimmt Ani Kirsten einen Vers an, den wir alle gemeinsam und immer intensiver singen. Wir wiederholen das sogenannte »Teyata Om muni muni maha munaye soha« ungefähr 25-mal und schwelgen danach äußerst beflügelt und entspannt noch eine ganze Weile in absoluter Stille. Nach der Meditation erzählt uns Ani Kirsten, dass sie in den 1970er Jahren selbst Teilnehmerin eines hier stattfindenden Kurses gewesen sei, dem sogenannten Novemberkurs. Während des Kurses gab es nur einmal am Tag etwas zu essen und alle zelteten gemeinsam auf der großen Wiese. Diese Entbehrung und gleichzeitige Nähe zur Natur haben ihr Leben im Nachhinein so verändert, dass sie irgendwann hierher zurückkehrte und nun ein Teil dieses Kloster ist.

Abends in meinem Zimmer blicke ich innerlich zurück auf einen zufriedenstellenden Tag mit vielen Glücksgefühlen und ich freue mich sehr auf die kommenden Tage und Erfahrungen. Ich habe heute gelernt, dass es vor allem auf meine Motivation ankommt, wie ich die Dinge sehen will und wie ich darauf reagiere. Dabei sollte ich mir stets die Frage stellen, ob ich Dinge nur für mich oder auch für andere tue. Das ist entscheidend, denn im Buddhismus kommt es darauf an, dass man mehr für andere tut und sich selbst möglichst zurücknimmt. Bevor ich die Kerze lösche und die Augen schließe, notiere ich für zuhause den Ablauf des heutigen Tages in meinem Notizheft und schlafe im Anschluss zufrieden ein ...

Tagesablauf:
5:45 Uhr:   Morning Bell
6:00 Uhr:   Morning Tea
6:30 Uhr:   Meditation (Tom)
7:30 Uhr:   Breakfast
9:15 Uhr:   Teaching (Ani Kirsten)
11:30 Uhr:  Lunch
2:00 Uhr:   Discussion (Hedwig)
3:00 Uhr:   Break

| | |
|---|---|
| 3:30 Uhr: | Teaching (Geshe) |
| 5:00 Uhr: | Tea |
| 6:00 Uhr: | Meditation (Ani Kirsten) |
| 6:45 Uhr: | Dinner |
| 7:45 Uhr: | Questions and Answers, Meditation (Ani Kirsten) |
| 9:00 Uhr: | Silence |

*Sonntag, 8.4.2012*

## Husten

Meine Zeit hier führt vor allem dazu, dass ich mein bisheriges Leben und meine innersten Wünsche und Hemmungen reflektiere. Dadurch werden mir Dinge bewusst, die ich bis jetzt verdrängt habe. Warum schrecke ich zum Beispiel davor zurück, eine Führungsposition anzustreben? Die Antwort ist, dass diese Dinge mich daran hindern würden, ein eigenes, selbstbestimmtes Leben zu führen. Es passt nicht zu mir, Verantwortung zu übernehmen oder für jemanden da zu sein. Auch wenn dies irgendwie komisch klingt, ist es doch meine Veranlagung, das ist mir hier klar geworden.

Einatmen, Ausatmen, alle sechs Minuten ein Gong, der die Gedanken zurückholt. Leider schwelge ich nicht in Gedanken, vielmehr hasse ich in Gedanken schon wieder das, was um mich herum passiert. Der typische Morgenmeditations-Wahnsinn: Dort hustet Horst (natürlich aus Deutschland), hier schnieft eine junge Frau, da hinten schluckt jemand permanent und weiter rechts wird leise geflüstert. In Gedanken bin ich kurz vor dem Explodieren und ich weiß nicht, wie lange das noch gut geht. Nur die hübschen Schwedinnen verdienen Gnade, allen anderen Teilnehmern haue ich gerade mental eine rein! Ich frage mich auch, warum so ein Horst, der aussieht, rumläuft und vor allem redet wie ein kanadischer

Gerüstbauer, sich freiwillig hier in unsere Yoga-Fraktion begibt.

Beim Frühstück dann wieder Silence. Schön, wie sich alle konzentrieren können, solange sie etwas zu tun haben. Allerdings muss ich auch zugeben, dass mich am Tisch die diversen Körpergeräusche weniger stören als während der Meditation, irgendwie doch verständlich oder etwa nicht? Vielleicht bin ich einfach ein aggressiver Menschenhasser, aber da wäre ich immerhin nicht der einzige!

In der täglichen Diskussionsrunde am Nachmittag zerreden wir dann mit deutscher Gründlichkeit das Thema Karma und bewegen uns durchweg auf der Basis wissenschaftlicher Erkenntnis. So stört eine Ärztin aus Süddeutschland, dass hier gelehrt wird, dass Krebskranke sich den Krebs durch schlechtes Karma selbst kreiert haben sollen, womit wohl keinem geholfen sei. Ich erwidere, dass dies zumindest eine Erklärung für das eigene Schicksal sei, an dem man sich aufhalten und abarbeiten könne, sodass man sich mit seinem bisherigen Werdegang auseinandersetzt und aufhört zu jammern. Daraufhin schweigt die Ärztin, obwohl ich mir denken kann, dass sie innerlich vor Wut kocht.

In der Abendmeditation sollen wir versuchen, in Gedanken Jahr für Jahr in unsere Vergangenheit zurückzugehen und uns das Erlebte bewusst zu machen. Mir gelingt das alles sehr gut: Ich wandere zurück, lasse Erinnerungen aufblitzen und schwelge in schönen und weniger schönen Momenten, lasse den Gedanken freien Lauf. Ich komme schließlich an einer Stelle an, an der ich ungefähr zwei Jahre alt gewesen sein muss. Ich liege zugedeckt im

Bett, um mich herum viele Kuscheltiere. Ein wenig habe ich Angst vor dem Dunklen, andererseits fühle ich mich geborgen. Wir werden in der Meditation noch weiter zurückgeführt, bis in den Mutterleib. An dieser Stelle stellt uns Ani Kirsten die Frage, woher das menschliche Bewusstsein wohl kommen mag. Und wann startet das Bewusstsein, wann ist das allererste Empfinden da? Keiner im Raum kann sich an einen Anfangspunkt erinnern und so bleibt als Antwort nur, dass es wohl schon immer da gewesen sein muss. Ani Kirsten schließt die Sitzung mit dem Fazit: Das Bewusstsein ist unendlich und damit ist der Beweis erbracht für unendlich viele frühere Leben.

Nach diesen 45 Minuten vollster Konzentration und Gedankenarbeit sind beim Abendessen alle noch sehr mitgenommen und durchweg begeistert von ihren Reisen in die Vergangenheit. Nur Andreas muss schon wieder nerven und faselt irgendwas von einem Löwen und dem schlechtem Karma, wenn dieser Antilopen frisst. Irgendwie scheint Andreas wie so viele andere immer nur Ausschnitte der ganzen Thematik zu sehen und leider nicht den übergreifenden Zusammenhang.

Abends rufen wir bei geschlossenen Augen den Buddha herbei und lassen uns vom Nektar reinigen. Der heutige Tag war anstrengend, aber ich bin zutiefst glücklich. Es kommt mir ein wenig vor, als sei das hier eine Art Massentherapie, die aber irgendwie sinnvoller ist als das ganze europäische Gerede über Eltern, Triebe und Hemmungen und dergleichen. Ich liege im Bett und sehe in Gedanken noch immer mein Kinderzimmer im Jahr 1977 von meinem kleinen Kinderbett aus. Wer konnte damals ahnen, dass ich 35 Jahre später in einem Bett in einem nepalesischen Kloster liege und auf ebendiese Situation zurückschaue?

*Montag, 9.4.2012*

# Würmer

Als der Wecker mich am nächsten Morgen aus dem Schlaf reißt, ist mein Kopf noch immer voller den gestrigen Tag betreffender Gedanken und ich sinke erst noch einmal zurück ins Kissen und schließe erneut die Augen. Auf den letzten Drücker rolle ich mich dann doch irgendwann aus dem Bett und gönne mir ein Glas stärkende Milch auf der Terrasse des Speisesaals, verzichte aber im Gegenzug auf das Stylen meiner doch so üppigen Haarpracht.

Dementsprechend verschlafen erscheine ich bei der Morgenmeditation, in der wir heute die richtige Atemtechnik beigebracht bekommen. Ich konzentriere mich auf einen Atemzug und sage im Kopf »eins«. Beim erneuten Einatmen sage ich »zwei«. Dies wiederhole ich so lange, bis ich bei zehn angekommen bin, und beginne von vorne. So die Theorie. Die Schwierigkeit bei dieser Übung ist, dass man, sobald man während der zehn Atemzüge an etwas anderes denkt als an den Akt des Atmens, wieder bei eins beginnen soll. Ziel der Übung ist es also, sich lediglich auf das Atmen zu konzentrieren und sich derart von allen anderen, störenden Gedanken zu befreien. Ich brauche etliche Versuche, bis ich es zum ersten Mal schaffe, ungestört mehr als einen Atemzug zu tätigen. Mal stört mich ein schmerzendes Knie, mal ein Gedanke an das Mittagessen und mal die Unruhe im Raum. Beim zweiten Durchgang klappt alles schon reibungsloser und ich schaffe äußerst konzentriert ganze vier Atemzüge ohne Störung, was mich natürlich mächtig stolz macht. Ich bin völlig gelassen und die Sonne strahlt mir durch das Fenster ins Gesicht, was für ein toller Einstieg in den Tag!

Im anschließenden Vortrag von Tom werden wir daran erinnert, welches Glück wir haben, dass wir als Mensch geboren wurden und nicht als Tier oder gar in einer der buddhistischen Höllen. Zudem seien wir ja größtenteils kerngesund, hätten genug zu essen und lebten in einem politisch relativ stabilen Umfeld. Die Teilnehmer reagieren allgemein mit kräftigem Nicken und sind Feuer und Flamme, während sie das Gehörte realisieren. Für Tom ist die Folge dieses glücklichen Umstands, dass wir im Gegenzug unser Dasein den Lehren Buddhas widmen, da wir gerade als Mensch genau dazu prädestiniert seien. Ich hingegen nehme mir erst einmal vor, ein wenig dankbarer dafür zu sein, dass es mir so gut geht!

Die nun folgende Meditation übernimmt Ani Kirsten. Wir üben uns geistig in unserem Verhalten unseren Mitmenschen gegenüber und legen dabei vor allem Wert darauf, den eigenen Zorn zu unterdrücken und uns anderen gegenüber stets geduldig zu verhalten. Zudem verrät Ani Kirsten uns einen Trick gegen sexuelles Verlangen, welches einer der Hauptfaktoren ist, wenn es um Minderung und Schwächung der eigenen Konzentration geht. So solle man sich, um das körperliche Begehren abzustellen, sein Gegenüber einfach mit seinen ganzen Innereien, also den Gedärmen und dem ganzen Blut, vorstellen und blitzartig sei das sexuelle Verlangen verschwunden. Weiter geht es mit einem Ratschlag, der uns die Erfahrung eines »praktizierten Mitgefühls« einbringen soll. So soll ein jeder von uns zuhause einmal Würmer oder Fische kaufen und diese dann wieder in der Natur freilassen. Am besten zusammen mit Kindern. So könne man durch die Rückführung von Würmern auf den erdigen Boden beobachten, wie sich diese zunächst verwundert über ihre gewonnene Freiheit erst zaghaft, dann immer lebhafter werdend in alle Richtungen bewegen und nach und nach im Erdreich verschwinden. Mir gefällt diese Vorstellung so gut, dass ich dies auf jeden Fall einmal in einem Seminar mit anderen ausprobieren möchte.

Nach dem Mittagessen finden wir uns in unseren gewohnten Gruppen zusammen und diskutieren das Thema »Zorn«. Uns allen leuchtet ein, dass Zorn im Streit unabdingbar und nicht zu vermeiden ist, dass aber ein lange gehegter Groll, der noch Monate oder Jahre nachhallt, unnötig und schwachsinnig ist. Aber wie vermeidet man diesen nachhallenden Zorn? Wir rekapitulieren das in der Meditation Erfahrene und kommen gemeinsam zu der Lösung, dass Zorn in Mitgefühl umgewandelt werden muss. Dafür stellen wir uns die Person vor, auf die wir wütend sind. Wir danken dieser Person in Gedanken dafür, dass wir an ihr negatives Karma abbauen durften, und gestehen uns ein, dass wir selbst aufgrund unserer vergangenen Taten für die Situation verantwortlich sind. Dann trennen wir abschließend die Person von der Situation der Wut. Damit ist die Situation bereinigt und man hat losgelassen.

Den Rest der Pause verbringen die anderen Gäste mit

weiteren Yoga-Übungen, dabei machen sie die wildesten Verrenkungen, ziehen ihren Fuß an den Hals und Derartiges. Ich hingegen ziehe es vor, meine komplett eingeschlafenen Füße zu reanimieren, und kratze mich den Rest der Zeit ein wenig am Hintern. Dabei klärt mich eine Frau darüber auf, dass sie sich den ganzen Tag in große Decken einhülle, weil sie permanent friere, nur für den Fall, dass sich jemand darüber wundere. Ich hingegen vermute eher einen anderen Grund, da sie den augenscheinlich höchsten Body-Mass-Index von allen Anwesenden besitzt.

In der Nachmittagsmeditation unternehmen wir eine sogenannte Körperreise. Dafür konzentrieren wir uns, bei der Schädeldecke beginnend, nacheinander auf jede einzelne Stelle unseres Körpers bis runter zum kleinen Zeh. Das Ziel dabei: Entspannung und Ruhe finden.

In der anschließenden Gesprächsrunde beklagen der Autohändler Rolf und der Pharmazeut Fabian sich darüber, dass es ihnen am Morgen nicht gelungen sei, jemanden zu visualisieren, auf den sie zornig seien. Ihnen sei einfach niemand eingefallen. Komisch, mir sind auf Anhieb zig Leute in den Sinn gekommen.

Fabian hat sein Pharmaziestudium sowie seine Dissertation gerade beendet. Er ist wie so viele hier auf der Suche, nämlich auf Jobsuche. Dabei fühlt er sich gut, ihm steht die gesamte Welt offen. Die Pharmazie ist seine Leidenschaft, das spüren wir alle. Egal, was genau er damit bald anstellen wird, er wird es mit Begeisterung tun, davon bin ich überzeugt.

Beim Verlassen der Meditationshalle bekomme ich am Rande mit, dass der ständig in der Meditationshalle hustende Horst, von mir nur noch »Röchel-Horst« genannt, nach einem Arzt fragt. Ich informiere ihn sofort darüber, dass sich auf dem Gelände einer befindet, was drei gute Gründe hat: Zum Ersten habe ich so etwas für mein positives Karma getan, zum Zweiten bekommt der Arzt vielleicht Horsts nerviges Husten unter Kontrolle und zum Dritten werden ihm vielleicht sogar ein paar Tage Bettruhe verordnet und so kann sein Husten zumindest erst einmal nicht mehr meine Meditation stören. Auf Anhieb spüre ich, wie mich ein wärmendes und positives Karma durchfließt! Horst unterhält sich noch lange mit mir. Er erzählt mir, wie er vor vielen Jahren beruflich als Handwerker durch die Mongolei gereist sei und dort schwere Maschinen von Hand montierte. In dieser Zeit entstand sein Interesse für den Buddhismus. Es folgt ein fundierter Vortrag über den Buddhismus in der Mongolei. Ich schäme mich jetzt dafür, ihn anfangs so verurteilt zu haben, und notiere mir sogar seine Telefonnummer und Mailadresse für einen künftigen Austausch in der Heimat.

*Dienstag, 10.4.2012*

## Schokolade

In der Nacht tobt ein schweres Gewitter direkt über dem Kloster. Ich werde von dem Getöse geweckt und frage mich leicht skeptisch, ob man hier wirklich sicher ist oder ob morgen früh alles unter Wasser steht oder uns eine Schlammlawine im Schlaf überrascht. Kurze Zeit später schlafe ich allerdings wieder ein und stelle am nächsten Morgen erleichtert fest, dass meine Sorge unbegründet war und auch das Kloster keine schweren Schäden erlitten hat.

Auch heute startet der Tag wieder mit einer Morgenmeditation, die wir mit der bekannten Atemübung beginnen. Ich schaffe es auf Anhieb, ganze fünf Atemzüge ohne Ablenkung durchzuführen, und lasse mich durch nichts aus der Ruhe bringen. Ein erstes Zeichen von Empathie den anderen gegenüber? Die Übungen der letzten Tage scheinen ihre Wirkung bei mir zu hinterlassen.

Während der Mittagspause beobachte ich die inzwischen schon etwas größeren Welpen beim Durchforsten des Geländes und wie sie dabei richtig Leben in den Innenhof bringen. Viele Gäste schauen gespannt zu und erfreuen sich an der Ausgelassenheit und Lebensfreude dieser verspielten Lebewesen.

Im heutigen Teaching am Nachmittag üben wir uns im Verzicht. Uns wird erklärt, dass die Befriedigung jeglichen Verlangens immer nur neues Verlangen erzeugt.

Dies wird uns an einem Beispiel verdeutlicht: Wenn man Verlangen nach Schokolade hat, nimmt man sich in der Regel ein kleines Stück und stillt damit das Verlangen. Diese Stillung wirkt allerdings zumeist nur temporär, denn wenige Momente später haben wir das Verlangen, noch mehr Schokolade zu essen. So nehmen wir uns ein größeres Stück mit dem Gedanken, dass das Thema damit jetzt erledigt sei und dies sicherlich reiche. Meist endet die Geschichte aber erst, wenn die ganze Tafel aufgebraucht ist und wir eigentlich dermaßen mit Schokolade überfressen sind, dass uns fast schlecht ist und wir uns ärgern, jetzt die ganze Tafel gegessen zu haben. Ein regelrechter Teufelskreis! Dieses Prinzip übertragen wir dann auf das Thema des Vergnügens, was dort wiederum bedeutet, dass das wahre Glück eben nicht durch kurzweilige Befriedigungen (Pleasure) erlangt wird, sondern durch das Befolgen der Lehren Buddhas (Dharma). Ani Kirsten verdeutlicht uns dies durch das Beispiel eines Luxusurlaubs, in welchem eine Person an einem wunderschönen Strand liegt und es sich gut gehen lässt. Irgendwann empfindet diese Person dann doch eine gewisse Unruhe oder Langeweile, wahrscheinlich etwas, das jeder schon einmal erfahren hat. Sie wechselt zum Pool oder ins Wasser, von dort geht man zum Buffet oder in ein Restaurant, dann wieder zurück zum Strand und wenig später wieder ins Wasser. Trotz dieser ständigen Wechsel der Beschäftigungen und Orte empfindet die Person doch immer wieder nach kurzer Zeit eine Art Langeweile und damit den Drang, sich wieder etwas anderem zu widmen. Oft verbringt man in diesem Zustand seinen ganzen Urlaub, rennt hektisch von A nach

B und von Station zu Station und ist letztlich fast froh, wenn man wieder nach Hause darf. Die Geschichte soll veranschaulichen, dass uns solche Dinge wie Pool, riesige Buffets oder ein Traumstrand nicht unbedingt auf Dauer glücklicher oder zufriedener machen, sondern dass uns dies lediglich suggeriert wird. Betrachtet man also das Verhalten von Menschen in diesem Lichte näher, so erkennt man, dass die ganzen Luxusgegenstände keine dauerhafte Zufriedenheit bescheren. Einfacher gesagt: Mehr Pool ist nicht gleich mehr happy! Deswegen scheitern auch viele Partnerschaften. Eheleute brauchen statt eines Hauses im Villenviertel und sechs Wochen Abenteuerurlaub im Jahr eine gemeinsame Vision und eine erfüllende Aufgabe, z.B. das Großziehen von Kindern, so Ani Kirsten.

*Learning: Einem Verlangen werde ich nicht mehr direkt nachgeben. Sonst verlange ich nach noch mehr.*

Nach dem Teaching kommt ein wenig überraschend Gruppenleiterin Hedwig auf mich zu und klagt mir ziemlich aufgelöst ihr Leid. Ihr gehe die ständige Grundopposition unserer deutschsprachigen Gruppe an die Substanz und daher will sie unbedingt ihren Posten als Diskussionsleiterin abgeben. An wen? An mich natürlich! Leider reagiere ich zu unentschlossen und bei Weitem nicht schnell genug und so stehe ich da wie gelähmt, als sich Hedwig bei mir für die angebotene Hilfe und das Entgegenkommen stürmisch bedankt und äußerst erleichtert von dannen zieht. Die folgende Bilanz ist einfach: Laune minus eins, positives Karma plus eins.

In der anschließenden Gruppendiskussion nehme ich meine Rolle als neuer Diskussionsleiter ziemlich ernst und führe mit deutscher Genauigkeit durch die Agenda. Pünktlich zu vorgesehener Zeit besprechen wir ohne großes Infragestellen alle Themen. Es weht jetzt ein neuer Wind und das ist gut so! Zudem beschließen wir, nächste Woche gemeinsam im Touristenviertel von Kathmandu, genauer im »New Orleans«, einen Burger zu essen und ein paar Cocktails zu trinken – mein erster Vorschlag mit Hinsicht auf eine stabile Gruppenmoral!

*Learning: Ich würde zu Hause gerne etwas erschaffen, was Menschen zusammenbringt.*

Während des Abendessens fällt mir auf, dass Röchel-Horst tatsächlich nicht mehr hustet, ein Hoch auf die nepalesische Heilkunst! Im Anschluss folgt eine sehr intensive Abendmeditation mit dem Thema »Vergänglichkeit«. Wir stellen uns vor, dass in hundert Jahren alle in diesem Raum, alle unsere Verwandten und sogar viele unserer Kinder tot sein werden, und sollen uns an diesen Gedanken gewöhnen. Ich persönlich betrachte diesen Gedanken äußerst gelassen und gerate weder in Panik, noch finde ich diese Vorstellung irgendwie traurig oder schrecklich. Als Fazit nehme ich aus dieser Meditation mit, die Dinge und auch mich selbst nicht allzu ernst zu nehmen und die Welt und das Leben insgesamt in einem größeren Rahmen zu betrachten. Für Ani Kirsten bedeutet diese Vorstellung, dass man sein Leben dem Dharma widmen muss, da alles andere vergänglich ist. Ich unterhalte mich im Anschluss an die Meditation noch lange mit Lisa. Wir sprechen über den Tod, Kathmandu und schließlich über die Berufswelt. Auch wenn Lisa gute zehn Jahre jünger ist als ich, so scheinen wir beide an einem ähnlichen Wendepunkt im Leben zu stehen. Beide möchten wir im Leben etwas ändern und sind zunächst einmal der Meinung, durch einen neuen Beruf würde vieles besser werden. Im Laufe des Gesprächs fällt uns aber auf, dass es letztlich unsere Einstellung zum Berufsleben ist, an der wir arbeiten müssen. Unsere ständigen und überhöhten Ansprüche an Kollegen und Chefs weichen beim Betrachten aus der Ferne auf und es entsteht stattdessen die Frage, was unser künftiger Auftrag, unsere Mission in unserer (Arbeits-)Welt sein kann. Und es kristallisiert sich die Einsicht heraus, dass das Büro kein Ort des reinen Vergnügens ist. Indem wir uns vor Augen führen, wie hart die Menschen hier in Nepal tagtäglich auf den Feldern und Baustellen arbeiten, erhöht sich schlagartig die Zufriedenheit mit den Möglichkeiten, die uns zu Hause erwarten. Selten habe ich ein derart gutes Gespräch geführt. Und das, obwohl wir ja nach der Mediation in Silence verweilen sollten. Ich notiere schweigend in meinem Tagebuch:

*Learning: Ich sollte meinen Job nicht machen, um Geld zu verdienen, Reputation zu erlangen und immer weiter aufzusteigen. Ich mache meine Arbeit als Personalentwickler für die Mitarbeiter, die dank meiner Kollegen und mir Zugang zu Bildung erhalten.*

*Mittwoch, 11.4.2012*

## Muttertag

Daniel sitzt am Steuer eines Fahrzeugs. Ich kann nicht genau erkennen, was es für ein Gefährt ist, jedenfalls sitze ich hinten mit allen Teilnehmern der von mir geleiteten Diskussionsgruppe. Ich kenne den Ort und die Peripherie der Straße, über die wir fahren, das ist eindeutig Köln! Ich frage mich, was wir hier zusammen machen, als Daniel plötzlich erklärt, dass wir es wegen der heftigen Demonstration leider nicht rechtzeitig zum Flughafen schaffen. Erst jetzt bemerke ich, welches Chaos draußen tobt. Ganze Massen an mit Sonnenbrillen und Mundtüchern vermummten Menschen schreien lauthals und halten Schilder in die Luft. Ich bin wie gelähmt und verstehe nicht, wieso niemand etwas dagegen unternimmt. Urplötzlich gibt es in unmittelbarer Nähe einen lauten Knall!

Ich schrecke schweißgebadet hoch, schon wieder so ein heftiges Gewitter. Ich schaue auf die Uhr und bemerke, dass es kurz vor halb sechs ist. Sich jetzt noch mal hinlegen würde nichts bringen und so springe ich aus dem Bett. Ich beschließe, mich heute einmal ausgiebig zu duschen, obwohl ich nicht genau weiß, ob man das hier während eines Gewitters überhaupt machen sollte. Trotz des Wissens, dass ich in hundert Jahren eh nicht mehr hier bin, stehe ich ziemlich verängstigt unter der Dusche und zucke bei jedem Blitz, der durch das Zimmer flackert, hektisch zusammen. Ich überlebe und warte dann geduldig, bis der Regen schwächer wird, bevor ich mir, äußerst durstig, im Essensraum ein Glas Milch gönne. Ich fühle mich, derart »blitzartig« aufgestanden, wirklich äußerst vital und überlege, mich ab jetzt öfters ein wenig zackiger zu erheben und mir dabei nicht mehr so viel Zeit zu lassen. Ich notiere in meinem Tagebuch:

*Learning: Wenn man morgens nicht direkt aufsteht und sich Träumen hingibt, ist die Laune des ganzen Tags im Eimer. Frühes Aufstehen ist der kleinste Schritt zu einem glücklichen Tag.*

In der Morgenmeditation visualisieren wir zunächst Buddha, was mir immer noch sehr schwer fällt. Irgendwie komme ich mit der Figur nicht ganz klar, da diese mich immer zu stark an ein China-Restaurant erinnert und daher irgendwie an Plastik und billige Farbe. Wir singen gemeinsam das »Teyata Om muni muni maha munaye soha« und steigern uns regelrecht in einen tranceartigen Zustand hinein, der mich äußerst fasziniert. In der anschließenden Übung geht es um Mutterliebe. Wir reisen gedanklich zurück zu unserer Mutter in die Zeit, als diese mit uns schwanger war, und rufen uns wach, wie sehr sie sich um uns gekümmert hat und wie viel Arbeit sie dafür auf sich nahm. Der dicke Bauch, die Schmerzen der Geburt und dann die ganzen Jahre der Erziehung und die vielen Entbehrungen, die damit zusammenhängen. Wir stellen uns dies alles in Gedanken vor und nur wenige Minuten später fließen bei den meisten Teilnehmern bittere Tränen. Wenig später wandelt sich die Situation und die Trauer und das Gefühl von Schuld schlagen um in pure Liebe für die eigene

Mutter. Nun folgt der Schwenk zum Buddhismus: Wir sollen uns daran erinnern, dass jeder Mensch bereits unendlich oft wiedergeboren wurde und deshalb jeder mit jedem verwandt ist. So ist auch jeder Mensch quasi bereits einmal unsere Mutter gewesen und daraus folgt, dass wir natürlich für jedes menschliche Wesen Liebe und Mitgefühl empfinden sollen. Die Meditation geht noch weiter mit dem Gedanken, dass jedes lebendige Wesen, also auch jedes Tier, aufgrund seiner verschiedenen Reinkarnationen bereits einmal unsere Mutter gewesen sei, so Ani Kirsten. Daher sollten wir auch für die Tiere eine tiefe Liebe und Dankbarkeit empfinden. Mich beeindruckt die Wirkung dieses Gedankenspiels und ich verlasse erfüllt und zufrieden die heutige Meditation.

Ich spüre das starke Verlangen, mich ein wenig mehr zu bewegen, und so entscheide ich mich dazu, während der Mittagspause einen mir bis jetzt unbekannten Pfad einzuschlagen, der nicht hinunter ins Tal geht, sondern sich vom Kloster aus in Richtung des geheimnisvollen alten Gemäuers den Hügel entlangschlängelt. Bald habe ich zu meiner Rechten einen tollen Ausblick auf Kathmandu, während links von mir ein dichtes Bollwerk aus Büschen und Sträuchern den kleinen Pfad säumt. Nach einiger Zeit erreiche ich die Mauern des verlassenen Gebäudes, das man von der Terrasse der Anlage in der Ferne sehen kann. Es gibt ein Schild, das wahrscheinlich die aktuelle Funktion dieser Anlage beschreibt, natürlich kann ich kein Wort davon lesen. Ich kehre um und wähle auf halbem Weg eine Abkürzung, die sich leider abermals als Umweg entpuppt, sodass ich wenig später ziemlich weit unten im Tal lande. An einem erneuten

Aufstieg führt kein Weg vorbei und so stapfe ich bald darauf schwitzend eine lange Treppe Stufe für Stufe hinauf und komme letztlich völlig außer Kräften und mit enormem Durst vor den Toren meines Ferienparadieses an. Als sei das noch nicht Anstrengung genug gewesen, steht heute für die Gruppendiskussion das Thema »Tod« zur Debatte. Natürlich muss man bei diesem Thema behutsam mit den Gruppenmitgliedern umgehen, was mir einiges abverlangt. Zum Glück habe ich mir morgens bereits einige Fragen ausgedacht und schaffe es daher insgesamt ohne große Probleme, dieses heikle Thema zu jedermanns Zufriedenheit abzuarbeiten. Nur meine eigenen Gedanken zu diesem Thema kann ich leider nicht loswerden. Wie schade.

Beim Teaching am Nachmittag geht es wieder um die sogenannte Verblendung der Objekte. Ich erinnere mich an die Übung, wo es um das Auseinandernehmen eines Mobiltelefons ging und damit zusammenhängend um die kritische Frage, was das Telefon überhaupt zu einem Telefon mache. Heute wird herausgestellt, dass einzig wir selbst die Dinge zu dem machen, was sie sind. Das bedeutet, dass ein Gegenstand nicht aus sich selbst heraus existiert, sondern immer nur durch uns. So bestimmen wir, was ein Ding zu dem jeweiligen Ding macht. Demnach ist ein Stapel gebundenes Papier erst ein Buch, nachdem jemand gesagt hat, dass ein Stapel gebundenes Papier ein Buch ist. Auch ist Nepal erst Nepal, nachdem jemand gesagt hat, hier ist die Grenze und daneben ist kein Nepal mehr, und eine Ehe ist erst eine Ehe, wenn dies jemand durch einen Vertrag festlegt, obwohl sich danach ja eigentlich in der Praxis nicht viel ändert und es vorher ja eigentlich schon das war, was es jetzt ist. Interessanterweise betrachten Kinder die Welt auf diese ursprüngliche Art und daher die Dinge erst einmal einfach so, wie sie sind. Das Buch ist in Kinderaugen also einfach ein Papierstapel, ganz ohne fremde Festlegungen und Definitionen. Konkret bezogen auf den Buddhismus, geht daraus hervor, dass auch wir, also die Menschen, erst in dem Moment begonnen haben, das zu sein, was wir sind, nachdem uns jemand gesagt hat, dass wir so und so oder das und das sind. Einfacher gesagt: Ich, der Jürgen, bin erst Jürgen geworden und habe begonnen, als Jürgen zu existieren, als mir jemand über eine Zeit beigebracht und gesagt hat, dass ich Jürgen bin. Aha.

Während ich mir beim Abendessen am deutschen Tisch die Sorgen und Probleme der anderen Teilnehmer anhöre, kommt mir die Idee, in Zukunft als eine Art »Entspannungstrainer« im Ausland auf deutsche Touristen zuzugehen und diesen einfach beizubringen, ihren Stress abzubauen. Im Gegenzug könnte ich mir eine Hotelübernachtung und eine Mahlzeit bezahlen lassen. An meinem Genie habe ich nie gezweifelt!

Nach dem Essen schauen wir uns gemeinsam den mir bereits bekannten Film *Unmistaken Child* an, dessen Vorführung ich aber schon nach der Hälfte verlasse. Zunächst sitze ich nämlich ganz dicht neben einer Dame aus Holland, die sich als Madeleine vorstellt und mir dann in aller Seelenruhe erzählt, dass sie an der sogenannten »Kissing desease« leide, besser bekannt als Pfeiffer'sches Drüsenfieber, dummerweise hoch ansteckend. Ich rücke unmerklich auf ungefähr den doppelten Abstand zu ihr und nehme mir vor, gleich ganz schnell auf Toilette zu müssen. Also verlasse ich unter diesem Vorwand den Saal, den Film kenne ich ja schon, und kaufe mir auf den Schock im Coffeeshop noch ein Twix. Genüsslich kaue ich meinen Schokoriegel und fühle mich gut dabei. Ich rechne nach und stelle fest, dass ich in den letzten fünf Tagen mit weniger als fünf Euro ausgekommen bin. Ich nehme mir fest vor, diesen Pfad der Enthaltsamkeit in nächster Zeit nicht zu verlassen und mich weiter in Verzicht zu üben.

Später schließe ich mich einer kleinen Gruppe an und wandere zusammen mit anderen Teilnehmern während der Dämmerung mit einem Räucherstäbchen in der Hand mehrmals um den hauseigenen Stupa. Die Stimmung ist euphorisiert und es entstehen lange und angeregte Gespräche. Zufrieden und auf buddhistische Weise »happy«, liege ich um Punkt 21:00 Uhr im Bett und fühle mich einfach nur perfekt. Keine Aggression, kein Ballast und keine negativen Gedanken an die Zukunft. Irgendwie ist es hier wie in einem der Ferienlager, die ich in der Schulzeit besucht habe, lediglich ohne Alkohol, Lagerfeuer und Händchen halten, was mir alles ehrlich gesagt überhaupt nicht fehlt.

*Donnerstag, 12.4.2012*

## Silence is golden

Nach ungefähr acht Stunden Schlaf wache ich wie geplant um halb sechs auf und springe übereilig aus dem Bett. Der Schuss geht nach hinten los. Schlagartig beginnt mir der Kopf zu schmerzen und ich verspüre die größte Lust, mich wieder für eine Zeit hinzulegen. Mich gegen den leichten Anflug von Unmut wehrend, besinne ich mich auf meine buddhistische Pflicht und sage mir, dass das negative Feeling bald vorbei ist und ich mich dann sicherlich wieder prächtig und voll motiviert fühlen werde.

Die Morgenmeditation vollziehen wir im Gehen. Wir konzentrieren uns dabei voll auf den Akt des Gehens selbst und brauchen dabei für eine Strecke von ungefähr vier Metern wirklich sehr lange, da mit jedem Atemzug nur ein Schritt gegangen werden darf. Ich spüre ganz intensiv, wie sich die Muskeln in meinem Bein anspannen, wie sich mein Fuß hebt, einen Schritt nach vorne macht, den Boden berührt und dann langsam auf der nackten Erde abrollt. Dies wiederhole ich, bis wir angewiesen werden, jetzt sofort hinauf in den wolkenlos blauen Himmel zu schauen, um uns klarzumachen, dass unser »Mind« genauso klar und frei ist wie der Himmel über uns. Den gesamten Ablauf wiederholen wir so lange, bis uns der Schlag auf einen Gong zu verstehen gibt, dass die Übung nun beendet sei.

*Learning: Zu Hause werde ich langsamer gehen und nicht mehr ständig hetzen. Dazu muss ich früher losgehen oder ich werde einfach später ankommen.*

Die Klosteranlage ist heute voller junger Mönche, was sich dadurch erklärt, dass diese gleichzeitig eine Art Internat für die Kinder aus der Umgebung ist und heute ein neues Schuljahr beginnt. Natürlich ist die Atmosphäre sofort eine ganz andere und das Toben und Kichern der jungen Nepalesen erinnert mich eins zu eins an einen deutschen Schulhof während der großen Pause. Während ich mit einer Gruppe von Gästen das Treiben von einer Sitzbank am Klostereingang aus betrachte, erzählt uns eine ältere Dame, dass sie gestern Abend vom Nachbarzimmer her ein lautes Schluchzen vernommen und daraufhin dort angeklopft habe. Nachdem ihr die Tür geöffnet worden sei, habe die um einiges jüngere Teilnehmerin ihr unter Tränen gestanden, dass sie aufgrund der Mutter-Meditation furchtbare Sehnsucht nach ebendieser empfände, sich aber wegen der angeordneten Silence nicht traue, bei dieser auch anzurufen. Daraufhin habe die ältere Frau ihr sofort ihr Handy gereicht und ihr mit einem zwinkernden Auge zu verstehen gegeben, den Anruf doch bitte sofort zu erledigen. Damit sei dann der Fall zu beider Zufriedenheit gelöst gewesen, trotz des Brechens der auferlegten Regeln.

Im frühen Teaching erfahren wir mehr von den sechs buddhistischen Daseinsbereichen, die sich zwischen heißer Hölle und Götterwelt ausbreiten. Dabei kann man diese Bereiche auch im übertragenen Sinne betrachten, da man sich auf der Ebene der Menschen in gewissem Sinne ebenfalls in der Hölle befinden könne, zum Beispiel, wenn man psychisch erkrankt ist. Zudem gibt es in der Menschenwelt nicht nur Menschen, sondern eben auch die bereits erwähnten Hungry Ghosts und zudem die Verstorbenen, die bis zu 45 Tage lang weiter auf der Erde umherwandeln und auf den Übertritt in das nächste Leben warten.

Ich verweile auch heute nach eigenem Wunsch nach dem Mittagessen weiterhin in Silence, um mich in der Praxis des Schweigens zu üben. Um das zu signalisieren, heftet man sich hier im Kloster ein gelbes Stück Stoff, das ein wenig wie der umgedrehte Kölner Dom aussieht, an das Oberteil und wird daraufhin von den anderen weder angesprochen noch um etwas gebeten. Die Erfahrung, dass alle schwatzen, nur man selbst nicht, ist eine sehr intensive. Der Zustand erinnert mich an eine Phase meiner Kindheit, in welcher ich selbst größtenteils nur den anderen zugehört und mich mit fast niemandem, außer vielleicht mit meinen Playmobil-Figuren und mit mir selbst, unterhalten habe. Ungefähr zehn muss ich damals gewesen sein. Wenn man selbst nicht redet, denkt man mehr und länger über das nach, was die anderen sagen, man befindet sich in einem anderen Modus, der einen die Dinge um sich herum ganz anders wahrnehmen lässt und wirklich einiges an Anstrengung fordert.

Mit der ganzen Gruppe verlassen wir nach dem Mittagessen das Kloster und wandern hinunter ins Tal, um einem Nonnenkloster einen Besuch abzustatten. Im Gänsemarsch bewegen wir uns laut schnaufend den kleinen Pfad hinunter, während ein Großteil der Gruppe das Stadium der Nicht-Silence in vollen Zügen auskostet und munter schwatzt. Ich halte mich allerdings weiterhin streng an die selbst verordnete Silence. Am Ziel angekommen, beobachten wir zunächst einige fleißige Arbeiter dabei, wie sie die gerade fertiggestellte neue Gompa mit bunten Farben bemalen und dabei sehr konzentriert sind. Nur mit einem kleinen Pinsel und einer Handskizze bewaffnet, sitzen sie auf etlichen Gerüsten und bepinseln die Wände mit äußerst filigranen Verzierungen. Ich habe einen unglaublichen Durst und als Einziger nichts zu Trinken dabei. Und ich kann niemanden nach einem Schluck Wasser fragen, da ich mir ja die totale Silence verordnet habe. Viel, viel später gibt es für alle Kekse und Tee, die Schlange ist lang. Leider komme ich erst spät an die Reihe und kann wegen meiner Silence natürlich auch niemanden darum bitten, mir doch vorab schon mal einen kleinen Schluck Wasser zu reichen. Diese Übung der temporären Enthaltsamkeit ist, während alles um mich herum das angenehme Nass schlürft, eine wirklich beeindruckende Herausforderung.

Nachdem wir den Weg in der prallen Sonne zurückgewandert sind, fühle ich mich komplett erledigt. Ich gönne mir daraufhin in meinem Zimmer fast einen ganzen Liter Wasser mit Elektrolytlösung, was mich wieder relativ auf Vordermann bringt. Wenig später werden wir alle in der Meditationshalle der Reihe nach erneut vom Geshe gesegnet, der uns dafür unseren Schal umlegt und uns zudem kräftig in die Ohren zwickt. Da morgen der letzte Tag seiner Anwesenheit in unserem Seminar ist, lädt er uns zum Abschluss zu einem Gruppenfoto ein, was alle spontan begeistert und anscheinend mehr bedeutet als die vorangegangene Segnung. Für das Foto wird er zu Seminarende noch einmal vorbeikommen.

Später tobt erneut ein heftiges Gewitter, allerdings breitet es sich nur über das Tal unter uns aus und wir bekommen hier oben überhaupt keinen Regen ab. Um dieses Schauspiel besser beobachten zu können, laufen viele auf den höchsten Punkt der Anlage und starren fasziniert auf die graue Wolkendecke, die sich nicht weit unter uns zu allen Seiten ausbreitet. Fabian springt mit seiner Kamera derart im Dreieck, dass man meinen könne, er habe soeben selbst einen Blitz abbekommen, während ich wie angewurzelt verweile und mich, die Naturgewalt bestaunend, kaum zu rühren vermag.

In der abschließenden Abendmeditation visualisieren wir im Geiste nacheinander Personen, die wir mögen, und solche, die wir nicht leiden können, quasi alle unsere Freunde und Feinde. Dann rufen wir uns ins Gedächtnis, dass alle diese Personen zunächst einmal Fremde für uns gewesen sind, und zudem, dass wir so manche Freunde zunächst nicht leiden konnten und andererseits manche Menschen, die uns zunächst imponiert haben, später gehasst haben. Derart sind uns in unserem Leben schon viele Menschen fremd geworden, mit denen wir einmal viel zu tun hatten, während andere, die zunächst keine Bedeutung für uns hatten, sich später zu echten Freunden oder wichtigen Menschen in unserem Leben entwickelten. Dieser Gedankengang verdeutlicht, dass unser Leben mit seinen ganzen Beteiligten insgesamt dynamisch verläuft und nichts eindeutig feststeht. Daraus folgt, dass alle Menschen eigentlich gleich viel Freund, Feind oder Fremde sind und demnach auch alle quasi gleich sind. Der Buddhismus sagt in diesem Zusammenhang, dass alle älteren Menschen wie unsere Eltern sind, gleichaltrige Menschen wie unsere Geschwister und alle jüngeren Menschen wie unsere Kinder.

Während ich kurz vor dem Einschlafen in meinem Bett liege, erkenne ich, dass der Buddhismus eigentlich eine wirklich gelungene Theorie ist, um das menschliche Untereinander fairer und gerechter zu gestalten, und insgesamt vielleicht wirklich das Potenzial hätte, ein gerechteres Funktionieren der Welt zu gewährleisten. Die Voraussetzung: Alle müssten mitmachen und sich an die Regeln halten! Und zudem: Wer auf Anhieb Glück und Belohnung erwartet und nicht in Kauf nimmt, für kurze oder sogar lange Zeit zu leiden oder sich anzustrengen, der hat die Lehre des Buddha nicht im Ansatz verstanden.

Während ich langsam müder werde, fällt mir plötzlich wieder dieses komische Geräusch von oben auf. Wie schon vor ein paar Tagen raschelt und kratzt es dort, als würde jemand fleißig eine einzige kleine Stelle fegen. Mir bleibt weiterhin ein Rätsel, was es damit auf sich hat.

*Freitag, 13.4.2012*

## Fluchtversuch

Kurz nach dem Aufwachen freue ich mich richtig darauf, gleich wieder unter Menschen zu sein. Ich liebe es, wenn man gemeinsam frühstückt und dann zusammen den Tag mit Seminaren und Programmpunkten absolviert, auch wenn ich mich ab und an natürlich ein wenig zurückziehe.

In der Morgenmeditation zählen wir zum Einstieg wieder konzentriert von eins bis zehn und alle haben das Gefühl, dass das jetzt schon viel besser als beim ersten Mal funktioniert. Das Geheimnis liegt in der Konzentration und dem Fokussieren auf das Wesentliche, in diesem Fall auf das Zählen als Tätigkeit des Geistes. Im Anschluss denken wir an unsere Freunde und Verwandten und filtern uns diejenigen raus, von denen wir wissen, dass diese unter etwas leiden. Wir atmen tief ein und stellen uns vor, dass wir das Leiden der anderen in uns aufnehmen und es beim Ausatmen vollständig gereinigt wieder ausstoßen und somit Joy und Peace verbreiten. Von der Konzentration her bin ich heute in Topform und ich schaffe es, mein gesamtes Umfeld völlig auszuschalten und mich komplett zu isolieren.

Es kommt mir mittlerweile vor, als sei ich schon ewig hier. Der Kurs läuft jetzt seit einer Woche, wobei es mir so scheint, als laufe er bereits seit Monaten. Es ist schon verrückt, wie langsam hier die Zeit vergeht, man aber parallel das Gefühl hat, jeden Tag so viel zu erleben. Ich betrachte dies insgesamt als gutes Zeichen dafür, dass ich alles richtig gemacht habe und meine Entscheidung, hier eine Auszeit zu verbringen, die definitiv richtige war.

In einem Teaching kurz vor dem Mittagessen erzählt uns Ani Kirsten, dass wir nun kurz davor sind, als vollständige Buddhisten anerkannt zu werden, wenn wir das möchten. »Zuflucht nehmen« heißt dies. Allerdings müssen wir uns bewusst dafür entscheiden. Insgesamt ist es überhaupt nicht so schwierig, Buddhist zu sein, und es gibt dafür eigentlich nur drei wesentliche Punkte zu beachten, die ich ungefähr so erinnere:

1. Zu niemandem anderem, der unter Buddha steht, Zuflucht nehmen, also kein anderes, nicht erleuchtetes Wesen verehren.
2. Schlechten Umgang meiden.
3. Morgens und abends vor dem Essen und Trinken kurz in sich gehen und die Nacht, den Tag und die Mahlzeiten reflektieren.

Ich bin für einen Augenblick relativ entschlossen, diesen Schritt zu wagen, so würde ich wenigstens mit einer Art Abschlusszeugnis nach Hause kommen. Auf jeden Fall muss ich mir dies noch ganz in Ruhe durch den Kopf gehen lassen, schließlich nehme ich die Sache sehr ernst. Habe ich überhaupt die Kraft, die oben genannten Punkte dauerhaft zu beachten und mein gesamtes Dasein dem Buddha zu widmen? Schwierige Frage. Andere Teilnehmer begeistern sich für diesen abschließenden Schritt, sogar Andreas ist interessiert.

Tom ermutigt alle dazu, es zu wagen, falls man es sich insgeheim wünscht.

Am Nachmittag sehen wir uns gemeinsam die Reliquien eines früher im Kloster ansässigen Lamas an, der nach seinem Tode hier auf dem Gelände in einem Ofen eingeäschert wurde. Die Überreste werden in einem Gebäudeteil aufbewahrt und ausgestellt. Der Reihe nach und in kleinen Gruppen betrachten wir ehrfürchtig die Vitrinen, in denen viele kleine Perlen in allen erdenklichen Formen ausgestellt sind. Diese herz- und tränenförmigen Perlen wurden nach der Verbrennung im Ofen gefunden. Jede Perle sieht aus wie von Künstlerhand gestaltet, als ob der Lama uns ein Geschenk hatte hinterlassen wollen. Sie sind aber vermutlich nur die natürliche Folge eines chemischen Prozesses, der im Verbrennungsofen stattfindet, wie Fabian uns trocken erläutert. Trotz dieser wissenschaftlichen Erklärung bleibt die Faszination bestehen und wir stehen dort wie Kinder vor dem Schaufenster eines Süßwarenladens.

Im Anschluss setze ich mich mit meiner deutschsprachigen Gruppe an einen Tisch und wir besprechen den Ablauf der kommenden Tage. Ab morgen früh ist vorgesehen, dass die gesamte Gruppe die folgenden zwei Tage komplett in Silence verweilt und strikt meditiert. Viele der deutschen Teilnehmer stöhnen bereits und haben die Möglichkeit einer Verwirklichung des Vorhabens schon jetzt aufgegeben. Ich hingegen bleibe eisern und behaupte felsenfest, dass ich die Silence durchhalten werde, wofür ich von den anderen gelobt und sogar ein wenig beneidet werde.

Nach diesem Happening ist es draußen bereits dunkel. Die ruhige Atmosphäre nutzend, gehe ich alleine zum hauseigenen Stupa und vollziehe dort eine sogenannte Prostration, deren korrekte Ausführung wir heute im Teaching gelernt haben. Bei einer Prostration legt man vor dem Stupa stehend beide Handinnenflächen aneinander und vollzieht in dieser Haltung erst einen Kniefall und dann eine Verbeugung, bevor man sich wieder gerade aufrichtet. Dieses Gebetszeremoniell symbolisiert Demut vor der Schöpfung und ist ein wenig so zu verstehen wie das Bekreuzigen im Katholizismus. Diese konzentriert durchgeführte Handlung bildet den gelungenen Abschluss meines Tages und ich ziehe mich entspannt und glücklich in mein Zimmer zurück, wo ich bald darauf zufrieden und entspannt in den Schlaf gleite.

*Samstag, 14.4.2012*

# Todestag

Am nächsten Morgen konzentriere ich mich von Anfang an auf die bevorstehenden Anstrengungen und habe felsenfest vor, mich für die gesamte Zeit der Silence strikt an die Regeln zu halten. Die erste Hürde des Tages bildet ziemlich früh die kleine Gruppe von Welpen, die sich, während wir alle konzentriert meditieren, einen Weg in die Meditationshalle bahnen und dort alles ausgelassen und mit wedelndem Schwänzchen abschnüffeln. Dabei scheuen die kleinen Hunde vor nichts zurück und setzen sich sogar auf den Thron der Dolmetscherin, was unter den weniger konzentrierten Teilnehmern allgemeine Erheiterung hervorruft.

Aber zurück zum Ernst der Angelegenheit: Wir beginnen mit der bekannten Zählmeditation und visualisieren uns im Anschluss Buddha. Dann sprechen wir leise exakt 108-mal unser Mantra: »Om muni muni maha munaye soha«. Ich fühle mich entspannt und frage mich, wieso ich hier derart zufrieden und ruhig verweilen kann, während ich dies zuhause selten schaffe. Liegt es am Umfeld oder an der Energie, die hier herrscht? Vielleicht ist es auch einfach nur mein Wille, der mich lenkt und mir die Konzentration ermöglicht, mich auf diese einfache Ebene der Existenz einzulassen und darin zu verweilen. Was mir definitiv hilft, ist das bewusste Existieren im Jetzt. Ich denke weder an morgen noch an den Tag danach und konzentriere mich nur auf das, was mich in diesem Moment betrifft, und das ist zugegebenermaßen hier nicht sehr viel und daher leicht zu bändigen. Ich erinnere mich in diesem Zusammenhang an das, was ich kurz vor meiner Abreise in Deutschland als Abwesenheitsnotiz bei Outlook geschrieben habe: »Yesterday is history, tomorrow is a mystery. But today is a gift, that is why we call it the present.« Ich glaube, erst jetzt habe ich wirklich verstanden, was der Spruch eigentlich bedeutet.

*Learning: Im Jetzt leben. Das ist aber nicht nur Einstellungssache, dafür muss ich mein Leben ändern.*

Kurz vor dem Mittagessen praktizieren wir erneut unsere Geh-Meditation und meditieren im Anschluss über das »precious human life«, das Glück, als gesunder Mensch geboren worden zu sein. Zudem geht es um Impermanence, also darum, dass kein Ding und keine Beziehung dauerhaft ist. Die Schlussfolgerung: Wir sollen nicht für Dinge sparen oder um Dinge kämpfen, stattdessen anderen helfen, und das am besten ehrenamtlich.

Trotz der angeordneten Silence befindet sich unter den Teilnehmern ein junges Paar, das permanent quatscht, und ich erinnere mich, dass die beiden gestern draußen auf dem Rasen gelegen und verbotenerweise »getouched« haben. Ich komme mir zwar ein wenig wie ein verstaubter Moralapostel vor, andererseits kann ich nicht verstehen, wie man derart dreist und zudem unmotiviert hier verweilen kann und dies den anderen auch noch permanent verdeutlichen muss. Warum haben die beiden nicht einen Strandurlaub auf Mallorca gebucht? Wahrscheinlich, damit sie später allen ihren Freunden erzählen können, wie großartig alternativ sie sind. Obwohl ich den beiden gerne einmal meine Meinung geigen würde, beherrsche ich mich natürlich und konzentriere mich weiter auf mich selbst und meine Aufgabe, und schon wenige Momente später ist die Wut verflogen.

Wir wiederholen sehr oft die Visualisierung des Buddhas und ich schaffe es leider nicht wirklich, mich darin zu verbessern. Ich habe große Lust, mir einmal kräftig auf den Kopf zu hauen, um meinen dämlichen China-Restaurant-Gedanken zu vergessen, aber da ist wohl nichts zu machen. Mehr Fortschritt mache ich bei der Erkenntnis, dass es sich in unserem normalen Leben immer nur um weltliche Belange dreht und wir permanent nur Materiellem oder Geld hinterherlaufen. Wen wundert das, wenn man im westlichen Kapitalismus aufwächst? Trotzdem gibt es Alternativen, so kann man zum Beispiel ehrenamtlich tätig sein und derart mal etwas tun, ohne dass man nur darauf abzielt, eine Bezahlung dafür zu bekommen. Belohnt wird man nämlich trotzdem: mit einem Danke, einem Lachen oder einfach nur mit der eigenen Gewissheit, dass man freiwillig etwas Gutes getan hat.

Langsam merke ich, wie meine Konzentration nachlässt und ich müde werde. Ich lutsche den zweiten Dauerlutscher und versuche mich durch dieses Saugen am Zuckerklumpen über Wasser zu halten. Aber noch ist keine Zeit zum Verschnaufen. Immer noch in der Meditationshalle sitzend, praktizieren wir als Nächstes die Meditation des Todesprozesses, die mich unglaublich packt. Wir stellen uns vor, wie wir auf dem Sterbebett liegen und um uns herum viele Freunde und Verwandte stehen. Es kommt mir schnell vor, als sei das alles real, und ich schaffe es auf beeindruckende Weise, mich auf alles, was Ani Kirsten uns mit ihrer ruhigen und gefühlvollen Stimme sagt, vollkommen einzulassen. Ich fliege vom Sterbebett aus in Richtung eines gleißenden Lichtes und während ich diesem immer näher komme, löse ich mich selbst darin auf. Urplötzlich bin ich in völliger Dunkelheit. Ich sehe nichts, höre nichts, rieche nichts und alles ist einfach schwarz. Ich weiß, dass ich nun tot bin. Plötzlich wird es wieder ganz hell und ich schwebe inmitten eines endlosen weißen Raumes. Dies muss das Jenseits sein, ich bin mir ganz sicher. Ani Kirsten ist bei mir und erzählt mir, dass ich nun im Bardo bin, in der Zwischenwelt vor meiner nächsten Wiedergeburt. Alle diese Zustände spielen sich ganz real ab und es kommt mir vor, als habe ich die alte Welt wirklich verlassen. Ich fühle deutlich, wie es ist, nicht mehr in der materiellen Welt zu sein, und vor allem merke ich, dass dies nicht schlimm ist! Die ganze Vergänglichkeit der Welt wird mir bewusst und vor allem, wie sinnlos es ist, sich hier an Dingen oder Beziehungen oder Erinnerungen festzuklammern oder sich über irgendetwas oder irgendwen aufzuregen. Ich lache laut auf bei dieser Erkenntnis, lache über mich und die Welt, lache über alle, die denken, dass es als Mensch auf der Erde mehr zu tun gibt, als daran zu arbeiten, es möglichst angenehm und gerecht für alle zu gestalten, und ich lache über alle, die egoistisch, egozentrisch und verbittert versuchen, auf der materiellen Ebene zu Glück zu gelangen, koste es, was es wolle. Ich verstehe nun, was wirklich wichtig ist im Leben.

Ani Kirsten holt uns in diesem Augenblick mit ihrer Engelsstimme wieder zurück ins Leben, mit Worten, die ich nicht mehr erinnere, und beendet die Reise schließlich mit dem Gong. Ich komme schlagartig ins Hier und Jetzt zurück. Im Raum herrscht totale Stille und alle schweigen fasziniert. Hallo Welt, ich bin wieder da, zurück aus dem Jenseits! Mit mir mitgekommen sind ganz neue Ansichten, die ich nun erst mal in Ruhe sortieren muss. Ani Kirsten versteht, was in uns vorgeht, lächelt und schweigt ebenfalls. Mir kommt die Einsicht, dass ich vielleicht gar nicht mehr unbedingt die Hälfte meines Lebens vor mir habe, sondern vielleicht nur noch wenige Tage oder Stunden, es kann jederzeit vorbei sein. Während ich ursprünglich mit der Frage angereist bin, was ich in der noch verbleibenden Hälfte meines Lebens anstellen möchte, präzisiert sich diese jetzt zu: Was möchte ich an diesem Tag, in diesem Augenblick Sinnstiftendes tun?

Gemeinsam gönnen wir uns im Anschluss den wohlverdienten Tee, natürlich in Silence. Eine unsichtbare Glückseligkeit durchflutet den gesamten Speisesaal. Ich achte dabei darauf, niemandem direkt ins Gesicht zu schauen, und sehe größtenteils zu Boden. Diese Taktik habe ich mir überlegt, um besser in Silence verweilen zu können und nicht durch eine Unachtsamkeit etwas zu sagen. Die vorherige Meditation hat wirklich etwas bei mir verändert. Ich fühle mich, als hätte ich eine Menge Ballast abgeworfen und alle alten Sorgen um meine Existenz und mein Hab und Gut fühlen sich überflüssig an. Ich frage mich, wie lange dieser Zustand wohl anhalten wird.

Im derartigen Überschwang entwerfe ich während einer kleinen Verschnaufpause in meinem Notizbuch die ersten Skizzen für ein Testament, in welchem ich regele, wer meine kargen Ersparnisse bekommen soll, und vor allem, dass ich in keinem Fall auf einem Friedhof vergraben werden will, sondern in einem dafür vorgesehenen Waldstück. Ich stelle mir zudem die Frage, was ich hier eigentlich wirklich vermisse, und denke trotz allem sofort wieder an meine Putzfrau. Andererseits habe ich gestern das ganze Badezimmer alleine gereinigt und muss zugeben, dass dies überhaupt nicht schlimm war. Würde ich es wollen, dann könnte ich jetzt auch noch den Rest meines Zimmers auf Vordermann bringen und hätte damit eine sauberes Unterkunft und für eine Woche Ruhe, eine tolle Vorstellung! Trotzdem verspüre ich definitiv eine Unlust in dieser Hinsicht. Anfangs habe ich zudem sauberes Leitungswasser vermisst, allerdings hat sich die Methode des Abkochens durchaus bewährt, schließlich bin ich weder krank geworden, noch habe ich irgendwie das Gefühl, dass es mir schlecht geht. Ich überlege weiter und bin erstaunt darüber, dass mir sonst wirklich nichts einfällt, was mir fehlt. Warum nicht einfach hierbleiben, diese Frage stellt sich mir immer wieder.

Die anschließende Meditation behandelt das Thema »Compassion«. Wir versetzen uns in ein Tier hinein und spüren am eigenen Körper die Angst vor dem Gefressenwerden und natürlich den eigenen Drang nach Futter. Wirklich kein schönes Dasein. Andererseits stellen wir uns die Frage, ob sich unser Dasein überhaupt davon unterscheidet. Sind wir besser als das Tier oder mehr wert? Eine schwierige Frage. Wir sollen schließlich Mitgefühl entwickeln für die Tiere und deren ständige Angst. Wenn uns dies gelingt, so werden wir auch mehr

Mitgefühl für andere Menschen entwickeln, verspricht uns Ani Kirsten.

Beim Abendessen analysiere ich buddhistisch achtsam die aufgetischte Nudelsuppe. Ich frage mich, welchen Weg die Nudel eigentlich genommen hat, bis sie hier auf dem Teller gelandet ist. Nudeln bestehen unter anderem aus Eiern und Eier werden von Hühnern gelegt. Ich danke daher bewusst dem unbekannten Huhn für das gelegte Ei, auch für die Nudeln bin ich dankbar sowie den unbekannten Leuten, die die Eier eingesammelt und ins Kloster gebracht haben. Dann schaue ich mir die Möhren an und danke dem Gärtner für die Arbeit, die er sich damit gemacht hat. Das Gleiche könnte ich jetzt auch noch mit dem Teller und dem Löffel machen, aber dann würde die Suppe kalt werden. Nach einem anstrengenden Tag schmeckt eine warme Mahlzeit doppelt so gut und ich genieße das Essen in vollen Zügen. Ich notiere in meinem Tagebuch:

*Learning: Essen etc. analysieren sorgt für Achtsamkeit. Das wiederum für einen langen, ergiebigen Tag mit vielen Eindrücken.*

Später am Abend vollziehen wir gemeinsam ein sogenanntes »Light-Offering«. Dafür zünden wir unzählige Teelichter an, die wir vor dem hauseigenen Stupa aufstellen, und gedenken der Verstorbenen. Es ist Silence angesagt. Ich sitze als einer der Ersten auf dem Platz vor dem Stupa und beobachte, wie die Teilnehmer nach und nach eines der jedem zur Verfügung stehenden zehn Teelichter anzünden und diese dann vor dem immer heller leuchtenden Stupa platzieren. Am Ende brennen über tausend Teelichter, die wir im Viereck um den Stupa platziert haben. Sie erleuchten den ganzen Platz und erzeugen eine äußerst festliche Stimmung. Alle Kursteilnehmer sitzen hochaufmerksam und schweigend am Stupa und fokussieren ihre Lichter. Ich bin sehr gerührt, dieses riesige Lichtermeer zu sehen und zu spüren, selbst einen Teil dazu beigetragen zu haben. Ich fühle mich einfach nur dazugehörig und voll und ganz als Teil dieser Gruppe hier. Dann spricht Ani Kirsten ein langes Gebet und im Anschluss eines der bekannten Mantren: »Om Mani padme Hum«. Dadurch soll das Licht vervielfacht und um die ganze Welt getragen werden.

Ich verweile noch sehr lange am Stupa und denke beim Betrachten der Lichter über vieles nach. Habe ich jemals mit so viel Hingabe ein Licht für einen verstorbenen Angehörigen angezündet? Auch die anderen Teilnehmer bleiben noch sehr lange und gehen dann nach und nach. Es wird kälter, trotzdem möchte ich nicht gehen. Nach einiger Zeit verabschiedet sich Fabian, der das Ganze mit seiner Kamera festgehalten hat, zuletzt geht dann auch Vanessa aus Wien, die ihre Kerzen nicht aus den Augen gelassen hat, bis diese komplett erloschen sind. Alleine bleibe ich noch einige Zeit sitzen und genieße die Ruhe, bis auch die letzte Kerze ihr Licht verliert und alles im Dunkel liegt. Dieser Abend bildet bisher den emotionalen Höhepunkt meines Aufenthalts hier. Was ein paar Kerzen und schweigende Menschen doch bewirken können. Wird es im Leben noch mehr so schöne Momente geben?

*Sonntag, 15.4.2012*

# Duschtag

Heute ertönt zum ersten Mal nach langer Zeit keine Morning-Bell, trotzdem stehe ich wie gewohnt noch vor 6:00 Uhr auf. Ich gehe ins Bad und freue mich auf eine Dusche, doch als ich den Hahn aufdrehe, kommt kein Tropfen Wasser raus. Zuhause wäre ich jetzt sicherlich ausgerastet, hier bleibe ich gelassen und gehe ungeduscht zum Morgentee. Nach dem Tee beginnt die Morgenmeditation, die ich gewohnt gekonnt absolviere. Ich freue mich über meinen Fortschritt und hätte niemals geglaubt, dass ich mich in den verschiedenen Übungen so schnell verbessere, mal abgesehen von der Buddha-Realisierung. Ich schaffe es heute sogar, auch während der kurzen Füße-Streck-Pause, weiterhin in Meditationsstellung zu verharren, und bin mächtig stolz darauf.

Auch nach dem Frühstück läuft in meinem Zimmer noch immer kein Wasser aus dem Hahn. Da ich mir so langsam aber doch eine erquickende Dusche wünsche, lande ich letztlich in der Solar-Gruppendusche, die für die Mehrbettzimmer gedacht ist. Ich drehe den Hahn auf und heraus quillt klares, aber kaltes Wasser. Das ist wohl der leichten Bewölkung geschuldet. Da die Dusche insgesamt sehr sauber wirkt, beschließe ich im wahrsten Sinne des Wortes ins kalte Wasser zu springen und mir hier die wohlverdiente Dusche zu gönnen. Ich eile zurück ins Zimmer, um Duschgel, Handtuch und neue Klamotten zu holen, und stelle mich zaghaft unter den kalten Strahl. Nach anfänglicher Scheu ist das kalte Wasser eine wahre Wohltat und bringt mich derart auf Vordermann, dass ich fröhlich zu singen beginne, während das kalte Nass auf mich herniederplätschert. Nach dem Duschvorgang greife ich nach dem mitgebrachten Handtuch – und muss mit Schrecken feststellen, dass ich dieses wohl in der Eile vergessen habe. So stehe ich fröstelnd in der Solar-Dusche und überlege, was ich nun machen soll. Die Idee, mich mit meiner Unterhose abzutrocknen, verwerfe ich recht schnell und so ziehe ich einfach, nass wie ich bin, meine Klamotten an, während meine gute Laune langsam, aber sicher wieder das Weite sucht. Ich schleiche mich zurück ins Zimmer, wobei ich tunlichst darauf achte, dass niemand bemerkt, dass mir bei jedem Schritt Wasser aus der Hose tropft. Zurück im Zimmer, komme ich mir vor wie der Dschungelkönig nach bestandener Prüfung. Jetzt heißt es natürlich Klamotten wechseln und erst einmal ordentlich abtrocknen. Wie im Reflex wasche ich mir danach kurz die Hände und halte wie vom Schlag getroffen inne, als warmes Wasser auf meine Hände rinnt. Jetzt geht es also wieder! Super Sache, denke ich mir sarkastisch, aber irgendwie bringt mich die ganze Aktion dann doch wieder zum Schmunzeln und ich nehme mir vor, demnächst vielleicht auch mal das Gruppenplumpsklo auszuprobieren.

Nach diesem Stress kommt mir die nächste Mediation ganz recht. Erneut wird an uns appelliert, doch möglichst ein »precious human life« zu führen, was bedeutet: anderen helfen, und das ganz ohne egoistische Ansprüche und erst recht nicht für Geld. Zudem sollen wir uns wirklich aufopfern dabei und aus vollem Herzen agieren. Kurz danach meditieren wir über unser Karma und reflektieren alle unsere guten Taten und die damit zusammenhängenden Auswirkungen sowie die Gefühle, die wir dabei gespürt haben. Dann reflektieren wir die schlechten Taten und überlegen uns auch hier, welche Wirkungen diese hervorgerufen haben. Ich fühle mich ganz schlecht beim Nachdenken über all die Dinge, die ich aus Eigensucht und Hass getan habe. Als hätten unsere Gedanken Auswirkungen auf das Wetter, wird es auf einmal draußen ganz dunkel und von jetzt auf gleich verschwindet die Sonne hinter einer Wolkendecke und ein Sturm zieht auf. Spielfilmreif! Im nächsten Schritt »purifyen« wir unsere schlechten Taten, was so viel bedeutet, dass wir uns davon gründlich reinwaschen. Während wir das sogenannte »Tayata« singen, stelle ich mir vor, wie ein weißer Strahl von der Buddha-Figur zu mir dringt und mich von meinem schlechten Karma reinigt. Ich nehme mir in diesem Moment fest vor, ein besserer Mensch zu werden!

Heute steige ich in der Mittagspause wieder auf die Spitze des Klosterhügels und genieße in Gedanken versunken die grandiose Aussicht auf das Tal. Ich werde richtig sentimental bei dem Gedanken daran, dass ich morgen dort hinunterfahren werde, um mich wie vereinbart mit den anderen Teilnehmern der deutschsprachigen Gruppe in Kathmandu zum Cocktail zu treffen und gemeinsam die hier verbrachte Zeit zu resümieren. Welche Konsequenzen werde ich insgesamt aus den Erfahrungen hier ziehen und schaffe ich es, meine guten Vorsätze in Zukunft auch umzusetzen?

Zurück im Kloster, fällt mir auf, dass viele der weiblichen Gäste heute anscheinend noch schnell ihre Wäsche waschen wollen. In ganzen Gruppen stehen die Mädels an den drei Hähnen, wo ich noch vor Tagen mutterseelenallein meine Unterwäsche gewaschen habe, und reinigen der Reihe nach ihre diversen Kleidungsstücke. Und mit dieser selektiven Wahrnehmung fällt mir auf, dass heute das gesamte Kloster mit trocknender Unterwäsche in allen erdenklichen Farben, Formen und Größen geflaggt ist. Sollte mir heute noch langweilig werden, so kann ich ja mal raten, wem welches Kleidungsstück gehört. Wahrscheinlich ist diese Wascherei eine Konsequenz aus der Aufbruchsstimmung, die bereits heute über der Anlage liegt. Ich betrachte die verschiedenen Gesichter und frage mich, wer überhaupt all diese Menschen sind. Alle haben sie in ihrem Leben so viel vor: Studieren, Reisen, einen ordentlichen Beruf erlangen, eventuell Kinder bekommen. Viele haben wahrscheinlich bereits einiges davon in die Tat umgesetzt, andere stehen am Anfang ihrer Vorhaben. Ich spüre so viel Energie in diesen Wesen und frage mich, wie viel Energie ich noch selber bei mir abrufen kann. Wohin führt mein Weg und schaffe ich es, meine Pläne umzusetzen? Während viele dieser Menschen mittlerweile munter plappern, habe ich es immerhin geschafft, meine Silence strikt einzuhalten, und damit ein hohes Maß an Konzentrationsfähigkeit und Ausdauer bewiesen. Auch jetzt lasse ich mich nicht davon abbringen und vermeide weiterhin jeglichen Kontakt mit den anderen Gästen.

Ich schlendere zum ansässigen Store und entscheide mich dort wenig später für einen »Rosery«, eine Art Rosenkranz, der aus 108 Perlen besteht. Die 108 ist im Buddhismus eine heilige Zahl. Sofort laufe ich mit meiner neuen Reliquie 108-mal um den Stupa herum und sage bei jeder Umkreisung das Mantra »Om Muni Muni Maha Muniye Soja« auf. Ich habe richtig Spaß bei dieser Übung und stelle fest, dass es deutlich mehr Spaß macht als Joggen im Park.

Wir meditieren erneut fast den gesamten Nachmittag und überdenken dabei zunächst den Begriff des Glücks. Wir bekommen nochmals erklärt, dass unser eigenes Glück einzig und allein davon abhängt, ob wir andere glücklich machen, denn nur so **kann** man überhaupt glücklich werden. Die Meditation vollziehen wir komplett mit geschlossenen Augen und es fühlt sich des Öfteren an, wie wenn man im Sommer bei geschlossenen Rollläden zuhause im Zimmer sitzt und irgendwie nur ahnen kann, dass die Sonne draußen scheint, obwohl man dies eigentlich genau weiß.

Nach der Meditation wird uns eine kleine Pause gegönnt, die ich wirklich vertragen kann. Viele aus meiner deutschsprachigen Gruppe haben die Meditation bereits frühzeitig abgebrochen und sitzen schwatzend beim Tee. In der anschließenden Abendmeditation sind dann wieder alle dabei. Dort konzentrieren wir uns durch bewusstes Atmen darauf, den Menschen, die wir uns gleichzeitig im Geiste wachrufen, durch unser Einatmen diverses Leid zu nehmen und ihnen durch unser Ausatmen mit Liebe das zurückzugeben, was sie sich wünschen oder benötigen.

Im Anschluss an die Meditation sollen noch diejenigen im Raum verbleiben, die sich entschieden haben, morgen am Aufnahmezeremoniell teilzunehmen, um Buddhist zu werden. Ich überlege lange, ob ich auch bleiben soll, bin mir dann aber ziemlich sicher, dass ich nicht wirklich in der Lage bin, alle verlangten Aufgaben zu meistern, und irgendwie ist auch mein Interesse daran verflogen. Ich verlasse den Raum. Es bleiben zwölf von 120 Personen, was man ihnen erzählt hat, werde ich nie erfahren.

Am Abend gehen wir in die Main Gompa und nehmen zusammen mit den Novizen und Mönchen an einer »Guru Puja« teil, die ganze zweieinhalb Stunden dauert. Ich verstehe ehrlich gesagt kein Wort und habe wenig Ahnung davon, worum es überhaupt geht, trotzdem genieße ich die Atmosphäre und betrachte gespannt die einzelnen Akte des Zeremoniells. Es wird ein Gong geschlagen, dann wieder gesungen oder besser gesagt eher »gegrummelt« und immer wieder in ein Horn geblasen. Zudem gibt es während der Puja Tee, Saft und eine Art Schokoladenkuchen aus Reis. Größtenteils verharren die Mönche still und bewegen sich nicht. Nach der Zeremonie schmerzt mir ziemlich der Hintern und auch mein Geist ist völlig erschöpft und kann keinen klaren Gedanken mehr fassen. Zurück auf meinem Zimmer, falle ich sofort ins Bett und schlafe kurze Zeit später ein.

*Montag, 16.4.2012*

## Frohe Ostern

Des Nachts habe ich erneut äußerst intensive Träume. Es fühlt sich fast an wie damals, als man als Kind hohes Fieber hatte und sich in einer Art Halbschlaf lauter schreckliche Bilder von mehr oder weniger wahllos zusammengesetzten Dingen vor den eigenen Augen entlangzogen. Ich träume vom Tod, von steinernen Herzen und dann von einer Art Hölle, in der ich schreckliche Qualen erleide. Noch bevor der Wecker klingelt, schrecke ich plötzlich hoch und stelle erleichtert fest, dass dies alles nur ein Traum war. Ich atme erleichtert tief durch, trinke ein Glas Wasser und starte ein wenig zerknittert, aber halbwegs motiviert in den Tag.

Wenig später findet die letzte Gruppenmeditation mit Tom statt. Wir lernen, dass sich die Wohltaten der anderen vergrößern, wenn sie diese mit uns teilen und wir uns daran erfreuen. Es klingt ein wenig nach einer umgedrehten Pyramide, in welcher sich das Glück nach oben hin potenziert, wenn es von unten an immer mehr Menschen weitergegeben wird.

Nach dem anschließenden Frühstück erhalte ich von der gesamten deutschsprachigen Gruppe einen Sonderapplaus. Zwei Tage habe ich es nun geschafft, komplett in Silence zu verweilen, und damit mein Versprechen mir und Buddha gegenüber eingehalten, während die meisten anderen nicht einmal einen halben Tag geschafft haben. Natürlich finden es alle mächtig stark, dass ich die Silence derart eisern durchgehalten habe. Ich versuche meinen Stolz möglichst zu unterdrücken und stattdessen Freude zu empfinden, denn Stolz ist in buddhistischem Sinne leider keine positive Tugend. Die Ärztin aus Süddeutschland hilft mir dann prompt dabei, mein glückliches Empfinden wieder ein wenig auf ein erträgliches Niveau zu bringen. Ich hätte ja die buddhistischen Lehren hier alle ziemlich unreflektiert verinnerlicht, anstatt mich mal kritisch damit auseinanderzusetzen, meint sie mit spitzer Stimme. Damit hat sie wohl recht. Die kritische Auseinandersetzung mache ich dann, wenn ich alles gehört und verarbeitet habe und wieder zu Hause bin, entgegne ich spontan, fühle mich aber trotzdem ein wenig gekränkt.

Die Stimmung ist den ganzen Morgen über, mit dem nahenden Abschied in Sicht, sehr gelöst. Ich unterhalte mich zum ersten Mal ein wenig intensiver mit Bärbel, die mir erzählt, dass sie wie so viele andere irgendwann ihr gesamtes Leben umgekrempelt habe und dabei auch ihre Online-Marketing-Karriere bei namhaften internationalen Unternehmen von jetzt auf gleich hingeschmissen habe. Im selben Atemzug habe sie ihre Wohnung gekündigt, die Möbel eingelagert und zu guter Letzt ihren festen Freund verlassen. Das Ziel des Ganzen? Persönliche Freiheit!

Im letzten Teaching mit Ani Kirsten legt diese vor allem Wert darauf, dass wir uns erneut klarmachen, dass unser eigenes Glück nur darauf basiert, dass wir andere glücklich machen. Zudem sei es wichtig zu verstehen, dass überhaupt nur ein glücklicher Mensch andere glücklich machen kann. Ich habe diese Sätze mittlerweile schon tief verinnerlicht und betrachte sie als eine der wichtigsten Erkenntnisse meines Aufenthalts hier.

Zum krönenden Abschluss des Kurses werden wir am späten Vormittag in der Meditationshalle vom Geshe einzeln und abschließend gesegnet und dann folgt das Gruppenfoto. Ein Mönch hebt dazu nach und nach die fast 120 Fotoapparate auf und schießt mit jedem mehrere Bilder von der um den Geshe versammelten Gruppe, die fröhlich lachend in Richtung der Kameraobjektive posiert. Während des Mittagessens schwatzen alle so aufgeregt durcheinander, dass man fast sein eigenes Wort nicht versteht. Ich unterhalte mich mit einer jungen Amerikanerin, die fast zehn Tage in Silence verbracht hat und die ich immer mal wieder dabei beobachtet habe, wie sie, anstatt sich mit anderen zu unterhalten, Bilder malte oder Briefe schrieb. Ihre Zeit in Nepal ist noch nicht vorbei, denn während ich wie die meisten hier bald den Weg nach Hause antrete, begibt sie sich nun mit einer Gruppe von weiteren Gästen auf eine mehrwöchige Trekking-Tour durch die Berge.

Alles passiert jetzt irgendwie ganz schnell: Nach und nach schleppen die Teilnehmer ihr Gepäck in den Innenhof, man verabschiedet sich, tauscht Nummern und Mailadressen aus, vergießt die ein oder andere Träne und wiederholt sich mit Aussagen über Erfahrungen, Erkenntnisse oder dem Resümee, hier doch ein wenig fehl am Platz gewesen zu sein. Trotzdem herrscht der allgemeine Tenor, dass jeder hier eine wunderbare Zeit verlebt und einzigartige Erfahrungen gesammelt hat. Vor dem Tor entsteht ein regelrechter Stau aus Taxen, die nach und nach die Gäste einpacken und davonbrausen. Wiederum andere wählen den Weg zu Fuß ins Tal.

Ich selbst entschließe mich, die Anlage erst einmal zu verlassen, bis der größte Trubel vorbei ist. Meine Zeit hier ist noch nicht vorüber, noch ganze acht Tage habe ich vor mir, also noch genug Zeit, mich ganz in Ruhe von diesem Ort zu verabschieden. Ich wandere hinunter ins Tal. Unterwegs muss ich unentwegt an den Traum der letzten Nacht denken. Normalerweise vergesse ich meine Träume schnell, aber der Aufenthalt als Gast in der Hölle hängt mir ein wenig nach. Ich betrachte den Traum dabei mehr als Warnung oder Weisung und bestehe auf den positiven Aspekt.

Zurück in meinem Zimmer, dusche ich mich und ziehe mir frische Klamotten an. Ich bin voller Vorfreude auf den lang ersehnten Abend in einer Cocktailbar in Kathmandu und freue mich auf einen saftigen Burger, westliche Cocktails und viele Gespräche. Um 15:00 Uhr steige ich zusammen mit Vanessa in ein Taxi nach Thamel, dem Vergnügungsviertel von Kathmandu, welches einer einzigen bunten Kirmes gleicht. Um kurz vor 16:00 Uhr treffen wir im »New Orleans« ein, wenig später sind alle glücklich vereint. Über den Abend verteilt, schauen noch viele andere Teilnehmer vorbei, auch Madeleine, Lisa, Daniel, Andreas und Fabian, selbst Tom lässt sich blicken und verweilt lange Zeit bei uns. Wir sitzen in einem ruhigen und gemütlichen Innenhof, essen vegetarische Burger, trinken seltsame Cocktails und hören einer hauseigenen Band beim Musizieren zu. Die Stimmung ist ausgelassen und wir haben alle das Gefühl, einiges erreicht zu haben, insbesondere für uns selbst!

Später am Abend schleiche mich kurz davon und halte auf der Straße vor dem Restaurant nach einem Internet-Café Ausschau. Vor meiner Abreise habe ich mir extra eine neue Webadresse eingerichtet und diese in der Heimat bei ganz wenigen Leuten hinterlassen, natürlich nur für den Notfall. Da mich mittlerweile interessiert, ob es irgendetwas gibt, das ich wissen sollte, möchte ich dort jetzt einmal reinschauen. Vielleicht überrascht mich ja auch einfach nur ein netter Gruß oder ein heimatlicher Lagebericht. Ich öffne den Posteingang und siehe da, eine ungelesene Mail! Schnell und hocherfreut klicke ich auf den Reiter und muss enttäuscht feststellen, dass es sich nur um eine Ostergruß-Mail von Web.de handelt.

Nach einer intensiven Verabschiedung von den anderen nehme ich gegen halb zehn zusammen mit Daniel und Anke ein Taxi zurück zum Kloster. Die Fahrt ist ziemlich abenteuerlich, da hier nachts außerhalb der Innenstadt alles nur karg beleuchtet ist. Auf steinigen Feldwegen fahrend, weicht der Fahrer permanent irgendwelchen Hunden aus oder hupt, wenn urplötzlich Gestalten aus der Dunkelheit auftauchen, die oftmals mitten auf der Straße unterwegs sind. Zudem kommt es mir vor, als seien bei den meisten Fahrzeugen die Scheinwerfer viel zu hoch eingestellt, so dass sie einem mitten ins Gesicht strahlen. Nach einiger Zeit wird dann klar, dass der Fahrer sich ziemlich verfahren hat, denn er beginnt, dunkle Gestalten am Straßenrand nach dem richtigen Weg zu fragen.

Zum Abschluss einer schier endlos erscheinenden Fahrt erreichen wir irgendwann dann doch das Kloster und verabschieden uns erleichtert und letztlich in größter Dankbarkeit von unserem Helden der Nacht. In meinem Zimmer angekommen, blicke ich dankbar zurück auf den Tag. Der Abschied von den anderen aus meiner Gruppe war insgesamt sehr herzlich und tat zumeist weh. Ich bin mir ziemlich sicher, dass ich die meisten nie wiedersehen werde, auch wenn man sich zumeist hoch und heilig versprochen hat, sich auf jeden Fall noch einmal zu treffen oder Kontakt zu halten. Viele von ihnen werde ich wirklich vermissen, denn die zehn gemeinsamen Tage haben einen regelrecht zusammengeschweißt und ich würde allen aus meiner deutschsprachigen Gruppe ohne Weiteres meine eigene Wohnung anvertrauen. Ein wenig erstaunt über diesen Gedanken, muss ich feststellen, dass ich mich tatsächlich verändert habe.

*Dienstag, 17.4.2012*

# Gap

Ich wache am nächsten Morgen bereits um 6:20 Uhr auf und springe wenig später aus dem Bett. Der gestrige Burger und die unzähligen Cocktails drücken im Bauch, ein Gefühl, dass ich jetzt seit Wochen nicht mehr hatte. Ohne viel Morgenhygiene gehe ich wenig später in die Meditationshalle, die mich schweigend empfängt. Kein Husten mehr, kein Rascheln, kein Flüstern der anderen. Nur zwei Personen sitzen still da und meditieren. Auch ich nehme Platz und beginne ohne Anleitung mit meiner Meditation. Ich beginne mit der Zählübung, die wunderbar funktioniert. Trotzdem vermisse ich das Gefühl, gemeinsam mit anderen hier zu sitzen, irgendwie fühlte sich das besser an.

Beim Frühstück diskutiere ich mit den wenigen Verbliebenen die Möglichkeit der Gründung einer buddhistischen Vereinigung in Köln. Natürlich wissen wir alle, dass dies mehr Träumerei ist als wirklicher Tatendrang und dass sich die Euphorie zuhause wahrscheinlich sehr schnell legen wird. Auch beim Mittagessen sind nur wenige Menschen im Raum, wir passen nun sogar alle an einen Tisch. Später verabschiedet sich dann auch Anke von mir. Ich bin wirklich traurig, nehme aber alles irgendwie relativ gelassen hin. Ob es sich später, wenn ich mal 80 Jahre alt bin, auch so anfühlen wird, wenn im Altenheim mal wieder ein Plätzchen frei geworden ist, weil jemand verstorben ist und man sich nur noch denkt: »So ist es halt«?

Das Kloster leert sich nach und nach und auch die letzten Gäste tragen ihre Koffer in Richtung Ausgangstor. Ich denke viel an meine Zukunft und hege mehrere Ideen, die ich zuhause über das Internet noch näher erforschen muss. Was fest steht, ist, dass ich einen Weg heraus aus meinem strikten BWLer-Dasein suche, ich will im Leben mehr erreichen und erleben als nur die Arbeit am PC oder die lebensbestimmende Gier nach immer mehr Geld und Besitz. So stelle ich mir zum Beispiel vor, eine Zertifizierung zum Kursleiter für progressive Muskelentspannung zu erlangen, die auch offiziell bei den Krankenkassen anerkannt ist und nur wenige Tage Fortbildung benötigt. Derart könnte ich dann anderen auf Spendenbasis und für einen guten Zweck Entspannung anbieten, eine wirklich tolle Vorstellung!

Beim Nachmittagstee weist Vanessa mich darauf hin, dass in ein paar Monaten der Dalai-Lama bei ihr in Wien zu Besuch sein werde, um dort einen Vortrag zu halten. Ich überlege ernsthaft, ob ich mir eine Karte dafür besorge, und freue mich bereits auf das Vorhaben. Wir schweigen beide eine lange Zeit zusammen, ohne dass uns das peinlich ist. Beide wissen wir, dass unsere eigentliche Reise schon vorbei ist und wir nur versuchen, den Abschied ein wenig hinauszuzögern.

Nach dem Tee begebe ich mich wie gewohnt in eine Meditation. Erst zähle ich langsam und konzentriert bis zehn, dann spreche ich mein Urklang-Mantra. Plötzlich erschrecke ich und falle fast nach hinten hin um. Ich realisiere, dass ich im Gap war und es immer noch bin!

Ich öffne die Augen und schaue an mir herunter: Alles ist noch da, welch ein Glück! Ich könnte einen Luftsprung mache, doch ich wahre meine Konzentration. Ich schließe die Augen und meditiere weiter. Ein Zustand der Glückseligkeit umfängt mich, ich verharre unbewegt und eine halbe Stunde vergeht wie im Flug.

Am Abend treffe ich Saskia aus der Schweiz am Stupa. Saskia ist die Dame, die vor ein paar Tagen so kerzengerade in der Meditationshalle gesessen hat. Wir beginnen zusammen den Stupa mehrmals zu umrunden und unterhalten uns über unsere hier im Kloster gemachten Erfahrungen. Irgendwann erzählt mir Saskia ausführlich von ihrem Beruf. Sie arbeitet als Entwicklungshelferin und wird zu Projekten in die ganze Welt entsandt. Ich bin richtig neidisch und frage sie ausführlich, was man denn da den ganzen Tag so macht. Sie organisiert den Aufbau von Infrastrukturprojekten in Entwicklungsländern, schreibt Projektaufträge aus und erstellt und überwacht Projektpläne, Konzepte und Budgets. Darin geht sie richtig auf, es macht ihr gar nichts aus, lange weg von zu Hause zu sein. Ihre Heimat besteht in dieser Zeit jeweils aus einer WG mit anderen Kollegen, das sagt ihr zu. Eigentlich sehen ihre Tätigkeiten gar nicht so anders aus als meine. Mein Interesse an ihrem Job scheint wohl so groß zu sein, dass sie mir schließlich nahelegt, doch unbedingt mal auf der Homepage ihrer Organisation nach einem für mich passenden Job zu schauen und mich auf sie berufend zu bewerben. In diesem Augenblick nehme ich mir das fest vor, aber vielleicht wollte sie damit auch einfach nur das Gespräch über ihr Berufsleben elegant zu einem Ende bringen.

Zum Abschluss unserer Unterhaltung kommen wir wieder aufs Kloster zu sprechen und sind beide überrascht und beeindruckt darüber, dass so viele jüngere Menschen diesen Kurs besucht haben, während wir in dem Alter eher mit Bier und Sonnencreme bewaffnet in Richtung Strand geflogen sind. Diese jungen Menschen aus aller Welt begegneten diesem Kurs und den Inhalten mit einer Offenheit, die in uns wirklich den Glauben entstehen lässt, dass es für die Zukunft dieses Planeten noch Hoffnung gibt und sich irgendwann doch alles noch zum Guten wendet.

*Mittwoch, 18.4.2012*

# Housefull

Wie wochenlang trainiert, führe ich weiter jeden Morgen meine Meditation durch, die mittlerweile hervorragend funktioniert. Es ist ein wunderbares Gefühl, einfach so dasitzen und Raum und Zeit um sich herum zu vergessen. Kein Körperteil schläft mir mehr ein und kein Drang, dieses oder jenes zu bewegen, holt mich mittlerweile aus der Phase der Konzentration heraus. Nach einer kleinen Stärkung zieht es mich in die Bibliothek, wo ich in der *Art Of Happiness* weiterlese und feststelle, dass wir vieles, was dort geschrieben steht, in den Meditationskursen und Teachings besprochen haben. Ob Karma, Impermanence, Verzeihen oder andere Menschen glücklich machen, alles das taucht auch in diesem Buch auf und wird dort anschaulich und unterhaltsam erklärt und beschrieben.

Später nehme ich an einem Teaching mit Tom teil. Zwar ist dieses für Neuankömmlinge gedacht, trotzdem mag ich es, dabeizusitzen, zuzuhören und mein erlerntes Wissen aufzurufen und weiter zu vertiefen.

Nach dem Mittagessen laufe ich ins Tal und setze mich in ein Internet-Café, das sich nicht weit vom Fluss Dhobi Khola befindet und eine sehr gute Internetverbindung hat. Ins Web gehe ich nicht, ich beobachte nur. Das Café wird hauptsächlich von jungen Nepalesen besucht, ganz in meiner Nähe chattet eine junge Frau mit ihrem

Freund, der sich vor einer Webcam auf dem Bett räkelt, und daneben sitzt ein Mädchen, das ganz langsam, Buchstabe für Buchstabe, etwas auf Facebook tippt und dabei jeden einzelnen Buchstaben laut aufsagt, während sie ihn eingibt. Es scheint, als sitze sie zum ersten Mal vor einer Tastatur.

Wenig später setze ich meinen lange gehegten Plan in die Tat um und besuche ein Kino. Für nepalesische Verhältnisse ist es mit seinen sechs Sälen recht groß und was mir seltsam vorkommt, ist, dass alle angebotenen Filme gleichzeitig um 14:20 Uhr beginnen. Ich entscheide mich für den einzigen Film mit englischem Titel *Housefull 2*. In der Warteschlange stehend, frage ich jemanden auf Englisch, was eine Vorstellung kostet. Der Herr ist sehr freundlich und geht mit mir gemeinsam zur Kasse, um mir für 200 Rupien, umgerechnet knapp zwei Euro, ein Ticket zu kaufen. Gemeinsam warten wir auf den Einlass, während der Herr mich permanent in einem Englisch zutextet, das ich kaum verstehe, und wenn ich mal antworte, habe ich das Gefühl, dass er mich nicht versteht. Trotzdem macht das Warten zu zweit mehr Spaß und die Zeit geht schneller rum. Wir tauschen sogar unsere Mailadressen und Namen aus, um uns mal zu kontaktieren und auf Facebook zu finden. Die Türen öffnen sich, wir verabschieden uns freundschaftlich und nehmen unsere ein wenig voneinander entfernten Plätze ein. Ich in der oberen Ebene, der Herr unten. Laut Poster soll der Filmton in Dolby Digital produziert sein, ich finde es aber einfach nur unerträglich laut, zumal ich kaum ein Wort von dem verstehe, was gesprochen wird. Insgesamt wird auch mehr getanzt und gesungen als geredet, typisch Bollywood! Zum Glück sitze ich im oberen Bereich auf einem gepolsterten Sitz, während die unteren Reihen nur aus harten Holzbänken bestehen. Andere Länder, andere Sitten.

Auf dem Rückweg zum Kloster stoße ich noch auf ein Spielwarengeschäft, wo ich meiner lange antrainierten Sucht nach Konsum freien Lauf lasse und sogar noch etwas für mein Patenkind kaufe. Im Kloster angekommen, blättere ich in meinem Reiseführer, den ich bis dato kaum genutzt habe. Anke und Saskia haben in einem Gespräch erwähnt, dass sie einen Paragliding-Kurs absolvieren wollen, und so schaue auch ich einmal, was man hier noch Interessantes unternehmen könnte, da die Kurse meist spottbillig sind. Nach kurzer Zeit entdecke ich einen Reiki-Kurs und bin sofort Feuer und Flamme. Reiki ist eine Methode, um per Handauflegen gewissermaßen Heilung herbeizuführen, und es interessiert mich brennend, ob man dadurch wirklich nennenswerte Ergebnisse erzielen kann. Zudem betrachte ich die Möglichkeit dieser Erfahrung als einen gelungenen Abschluss meines Aufenthalts. Ich frage im Kloster nach der Teilnahme an einem geeigneten Kurs und treffe dabei auf die Neuseeländerin Gwen, die total begeistert darüber ist, dass ich mich für so etwas interessiere. Sie verspricht mir, ihren Lama zu fragen, ob es noch einen freien Platz für mich gibt, und will mir morgen sofort Bescheid geben.

*Donnerstag, 19.4.2012*

## Wasser

Während ich am nächsten Morgen entspannt beim Frühstück sitze, kommt Gwen auf mich zu und reicht mir einen mit viel Liebe gestalteten Zettel, auf dem der Weg zum Reiki-Institut und alle weiteren Informationen aufgezeichnet sind. Laut Skizze führt mich dieser Weg auf die andere Seite von Kathmandu, eine ganz schöne Strecke! Um 14:00 Uhr soll ich dort erscheinen und darf den Nachmittag über an einer theoretischen Einführung teilnehmen. Morgen soll dann von 7:00 bis 13:00 Uhr das Erlernte praktiziert werden. Ich bin voller Vorfreude.

Das Teaching mit Tom behandelt heute die Geschichte mit dem Motorrad und seinen einzelnen Teilen und ich merke an den Fragen der Neuankömmlinge, wie viel ich in den letzten Wochen gelernt habe. Dass erst wir Menschen den Dingen ihre Funktion und daher ihr Wesen geben? Sonnenklar!

Um 13:00 Uhr stehe ich nach einer erneut abenteuerlichen Taxifahrt viel zu früh vor dem Reiki-Institut. Die Gegend ist recht ansehnlich, viele Geschäfte und für nepalesische Verhältnisse sehr hübsche Mehrfamilienhäuser. Durch einen großen Garten betrete ich über eine Außentreppe eine große und helle Wohnung mit einem liebevoll gestalteten Eingangsbereich. Ich werde von einem Englisch sprechenden Assistenten des Lama empfangen, der mir den Ablauf der kommenden

Stunden ausführlich erklärt. Ich zahle meine Spende in drei verschiedenen Währungen und komme mit Dollar, Rupien und Euro auf eine dreistellige Summe, eine Menge Geld für nepalesische Verhältnisse. Aber das Paragliding wäre sicherlich auch nicht günstiger gewesen und wer kann schon von sich behaupten, das Handauflegen erlernt zu haben? Ich erhalte eine Informationsbroschüre und werde gebeten, noch etwas zu warten. Zum ersten Mal seit Wochen lese ich, im Eingangsbereich sitzend, eine Tageszeitung und bin überrascht, wie wenig mich die aktuellen Themen eigentlich interessieren. Nach einiger Zeit muss ich auf die Toilette und bekomme erst einmal einen kleinen Schock, da die Kloschüssel aussieht, als habe sie seit Jahren kein Wasser mehr gesehen. Ich teste die Spülung und – war ja klar, kein Wasser! Dann eben aus dem Wasserhahn, doch weit gefehlt, auch dort sprudelt nichts heraus. Zum Glück habe ich immer mein desinfizierendes Sagrotan-Handgel dabei, mit welchem ich mir nach meinem überfälligen Toilettengang üppig die Hände einschmiere und von dannen ziehe.

Pünktlich um 14:00 Uhr werden die zwei weiteren Teilnehmer und ich abgeholt und zum Lama gebracht. Der erzählt uns erst einmal alles das, was ich eigentlich schon aus dem Reiseführer und der Broschüre weiß, und dann berichtet uns eine alte Frau über ihre beeindruckenden Erfahrungen als geheilte Patientin. Nach eineinhalb Stunden gibt es Tee und wir werden gebeten, morgen ausgeschlafen, nüchtern, geduscht und in Silence verweilend zur Initiation zu erscheinen. Zum Abschluss der heutigen Sitzung erklärt der Assistent: »After the initiation you are a member of our community and the master will add you as a friend on facebook!«

Mit dem Taxi geht es zurück zum Kloster. Wieder erwischen wir einige Schlaglöcher und ich stoße mir zweimal ordentlich den Kopf. Im Kloster angekommen, begegne ich Gwen, die meint, ich würde viel positive Energie ausstrahlen. Herrlich! Am Abend umrunde ich wie selbstverständlich mit Vanessa den Stupa, den Rosenkranz in der Hand. Ich überlege, dass ich mir in Köln wohl eine Litfaßsäule oder einen Kreisverkehr suchen muss, um mein Zeremoniell weiter durchzuführen. Maybe.

*Freitag, 20.4.2012*

# Verbindung

Nachts habe ich wieder intensive Träume. Darin sehe ich diverse abstrakte Formen von Licht und Strahlen, von denen ich meine, dass sie eine Art Energie darstellen. Als ich zwischendurch einmal aufwache, sehe ich bunte Blitze vor meinen Augen. Ich schaue morgens auf den Wecker, und zwar exakt elf Sekunden bevor dieser geklingelt hätte. Reiner Zufall, dass ich so exakt wach werde? Zudem ist mir gestern vor dem Einschlafen sehr warm gewesen, als hätte ich ein leichtes Fieber. War das vielleicht ein Zeichen von Purification, also der Reinigung von schlechten Taten? Geschwitzt habe ich zumindest nicht.

Ich steige um 5:45 Uhr vor dem Kloster in das bestellte Taxi und mache mich auf den Weg zur Stätte der universellen Energie. Auf den Straßen wimmelt es von Menschen, die alle etwas tragen oder ihre Kinder an der Hand haben. Viele Schulkinder sind unterwegs, mitten auf der Straße. Autos gibt es nur wenige. Um halb sieben erreiche ich das Tagungszentrum und warte, auf der Treppe sitzend, auf Einlass. Um Viertel vor sieben erscheint der verschlafen wirkende Lama und schließt ohne viel Elan das Tor zum Institut auf.

Das einführende Zeremoniell dauert etwa eine Stunde. An einer entscheidenden Stelle fummelt der Lama mir und den drei anderen Teilnehmern nacheinander an der

Schädeldecke herum und zieht dabei heftig Luft durch seine Nasenlöcher. Er erklärt, dass er eine Verbindung zur kosmischen Energie herstellt, die für immer bestehen bleiben wird und die ich als Wärme spüren soll. Bei mir dauert das Ganze etwas länger, mehrfach setzt er an, bis er schließlich mit dem Ergebnis zufrieden zu sein scheint. Ich strecke meine Hände geöffnet nach vorn aus und fühle irgendwann tatsächlich eine leichte Wärme auf den Handflächen.

Im Anschluss heilen wir uns selbst, zwölf verschiedene Körperstellen, jeweils drei Minuten lang. Ich glaube fest an eine wohltuende Wirkung und konzentriere mich, so gut es geht. Ich lege meine Hände auf verschiedene Körperstellen, beginnend beim Kopf, und verweile jeweils drei Minuten. Es ist wirklich anstrengend, seine Hand drei Minuten lang nicht zu bewegen, während man diese verrenkt oder hochhält, und ich verspüre relativ schnell einige Verspannungen, die schon fast in Richtung Muskelkater gehen. Insgesamt kein Zuckerschlecken, das Handauflegen!

Zwischen den verschiedenen Belehrungen, Übungen und Ausführungen gibt es für uns Frühstück und Mittagessen. In Erinnerung an die nicht funktionstüchtige Toilette esse ich sehr wenig und trinke so gut wie nichts.

Später heilen wir uns gegenseitig, immer paarweise. Ich vergesse den Namen meines nepalesischen Partners auf Anhieb und ärgere mich über meine Vergesslichkeit, was Namen betrifft, daran sollte ich wirklich arbeiten. Ich lege ihm an den vorgesehenen Stellen die Hand auf und verweile an jeder Stelle mehrere Minuten. In der darauffolgenden Feedback-Runde erzählt mein mir zugewiesener Partner, dass er die von mir ausgehende Energie ganz deutlich als Wärme gespürt habe, und ist hellauf begeistert darüber. Wir tauschen. Kurz bevor wir starten, verschwindet der Nepalese auf die Toilette und ich bleibe relativ baff zurück. Wie kann dieser Typ jetzt, kurz bevor er mir die Hand auflegt, auf diese Toilette ohne Wasser verschwinden? Er kommt zurück und grinst – mir bleibt keine Wahl. Dann heilt er mich. Immer wieder muss ich an die Toilette ohne Wasser denken, während er seine ungewaschenen Hände kräftig und minutenlang auf mein Gesicht drückt. Um bei der Entstehung eines Blitzherpes vorzubeugen, male ich mir mit all meiner erlernten Konzentrationskraft einen Sagrotan-Regen aus, der auf mein Gesicht prasselt. Trotzdem verspüre auch ich nach der Heilung durch das Auflegen der Hände eine wohlige Wärme.

Am Ende bekommen wir alle ein Zertifikat und machen ein Gruppenfoto für Facebook. Eine Nepalesin nimmt mich in ihrem Auto, das sogar elektrische Fensterheber hat, mit nach Bodnath und von dort gehe ich den Rest zu Fuß. Im Kloster angekommen, falle ich recht schnell in einen Nachmittagsschlaf und wache erst kurz vor dem Tee wieder auf. Bei diesem berichte ich Vanessa und einem Finnen von dem Seminar und beteuere ihnen ehrlich und aufrichtig, dass ich es sehr interessant fand und durchaus das Gefühl habe, etwas gelernt zu haben. Wir stimmen überein, dass hingebungsvolles Handauflegen etwas sehr Positives bewirken kann in einer Zeit, wo man sich sonst oft nur virtuell und flüchtig begegnet.

Später halte ich im Park meine Hand über eine Blume und spüre nach ihrer Energie. Irgendwie fühlt es sich tatsächlich ein wenig anders an als noch vor der Herstellung meiner Verbindung zur kosmischen Energie durch den Lama.

*Samstag, 21.4.2012*

# Messer und Gabel

Am nächsten Morgen wandere ich mit Vanessa und dem Finnen nach Bodnath zum Stupa. Auch den Namen des Finnen habe ich jetzt vergessen und es ist mir peinlich, noch einmal nachzufragen. Zumindest weiß ich, dass er in einem Buchladen arbeitet, oder war es ein Antiquariat? Ich sollte wirklich besser zuhören lernen und mich stärker darauf konzentrieren, was mein Gegenüber mir erzählt. Aber irgendwie passt das Vergessen der Namen und anderen weltlichen Dingen ganz gut in mein neues Leben als Buddhist auf Zeit, schließlich sind alle diese Sachen nicht wirklich von Belang! Jedenfalls macht das Spazieren zu dritt deutlich mehr Laune als alleine, was sicherlich auch eine Erkenntnis ist.

Wir umrunden den Stupa, jeder mit seinem Rosenkranz in der Hand. Wir halten uns streng an den Ablauf und sagen zu jeder einzelnen Perle, während wir diese gezielt zwischen zwei Fingern halten, im Geiste unser Mantra auf. Um uns herum machen das parallel mehrere Dutzend Menschen, was uns sehr beflügelt und ein Gefühl der Zugehörigkeit gibt. Nach dieser Hingabe an den Buddhismus gehen wir als Kontrastprogramm auf Einkaufstour. Wir schauen uns die Buddhas in den verschiedenen Geschäften an und vergleichen diese. Leider sind sie alle irgendwie zu kitschig oder viel zu teuer, trotzdem entscheide ich mich irgendwann für einen preiswerten, nicht wirklich schönen Buddha aus Plastik. Dazu erstehe ich noch ein »The Purpose of Life«-Banner und eine »Wheel of Life«-Postkarte. Die Unterstützung der hiesigen Wirtschaft ist mir ein ernstes Anliegen.

Wir entscheiden uns für ein Mittagessen in einem Rooftop-Restaurant in der Nähe des Stupa, wo wir für eine Mahlzeit umgerechnet fünf Euro bezahlen, was für die Verhältnisse hier unverschämt teuer ist. Zumindest gibt es dafür ordentliches westliches Tischbesteck und eine schöne Aussicht vom dritten Stock auf den Platz mit dem Stupa. Wir genießen den sonnigen Tag und lassen es uns gut gehen. Ich finde, dass wir uns das durchaus verdient haben.

Frisch gestärkt, treten wir wenig später den Heimweg ins Kloster an, wobei die starke Hitze uns wirklich zu schaffen macht. Angekommen, falle ich sofort ins Bett und habe starke Kopfschmerzen. Womöglich ein Sonnenstich? Mir fällt ein, dass ich mich ja jetzt selbst heilen kann, also presse ich die Hände auf meinen Kopf und verlange in Gedanken nach Energie. Am Abend sind die Schmerzen vergangen. Es bleibt für mich schwer einzuschätzen, ob ich diese Besserung wirklich selbst herbeigeführt habe oder diese auch so stattgefunden hätte. Insgesamt ziehe ich es erst einmal vor, eine eher kritische Distanz zu wahren. Trotzdem gehe ich noch einmal zum Stupa des Klosters und lege unterwegs am Eingang zum Speisesaal eine Mückenstichsalbe und ein Sagrotan-Handgel ab in der Hoffnung, dass sich vielleicht jemand darüber freut. Dann zünde ich eine Kerze am Stupa an und bedanke mich für den erlebnisreichen Tag und das Verschwinden meiner Kopfschmerzen.

*Sonntag, 22.4.2012*

# Kleidersammlung

Auf dem Weg zum Frühstück sehe ich, dass meine zwei Opfergaben bereits verschwunden sind. Weil das so gut geklappt hat und ich auf diese Weise ja etwas Gutes tue, lege ich auch meine Sonnencreme und die Sunlotion ab, und siehe da, auch diese sind gegen Mittag verschwunden. Ich beginne Spaß an diesem Spiel zu entwickeln und lege den ganzen Tag über immer mal wieder etwas ab, das wenige Stunden später verschwunden ist. Das Ganze ist ein wenig wie Vögel füttern, nur dass ich natürlich nicht beobachte, wer sich dort wann etwas schnappt.

Zudem gebe ich kurz nach dem Mittagessen einem Bettler vor dem Kloster einige T-Shirts und Unterwäsche, natürlich frisch gewaschen. Der Bettler stellt die Tüte wortlos neben sich ab und raucht zunächst erst einmal weiter seinen Glimmstängel. Insgeheim hatte ich natürlich gehofft, er würde zumindest ein leichtes Gefühl von Freude zeigen.

Den Nachmittag verbringe ich in der Bibliothek, in der ich in meinem absoluten, mir ans Herz gewachsenen Lieblingsbuch *The Art Of Happiness* lese. Am Abend besuche ich dann erneut eine Filmvorführung in der Meditationshalle, in der heute ein Dharma-Video mit dem Titel *Travellers and Magicans* gezeigt wird. In dem Streifen geht es um einen jungen Menschen, der in der

Stadt Karriere machen will. Zudem geht es um den Bus, mit welchem er in die Stadt fahren will. Und es geht um die Menschen, die auch diesen Bus nehmen. Der Film steckt wahrscheinlich voller Gleichnisse und Botschaften, zumindest ein paar davon erkenne ich auch. Es geht darum, dass es wichtig ist, Träume zu haben, und dass es auch wichtig ist, sich jetzt und hier damit zu beschäftigen und sein wahres Selbst zu erkennen. Enlightenment!

*Montag, 23.4.2012*

# Alles hat ein Ende

Am nächsten Morgen wasche noch einmal in aller Ruhe meine restliche schmutzige Wäsche, was den Vorteil hat, dass ich mich darum zuhause erst einmal nicht kümmern muss. Dann packe ich erneut einige meiner Kleidungsstücke in eine Tüte und gebe diese an der Rezeption ab mit der Anmerkung, mich in ganz buddhistischer Weise davon trennen zu wollen und mein Hab und Gut bewusst zu reduzieren. Die Antwort ist eher verhalten und ich werde darum gebeten, die Tüte doch bitte still und leise in die Ecke zu stellen. Keine Anerkennung, keine Fragen, erneut wenig Begeisterung, nun gut.

Wenig später setze ich mich vor dem Coffeeshop auf die Bank und genieße die warme Sonne. Einige Zeit später gesellen sich Dino und George zu mir, mit denen ich bisher noch keinen Kontakt hatte. Dino ist der Typ aus der Küche, den ich während meiner Küchenschicht näher beobachtet habe und der damals keinen Ton von sich gegeben hat. Jetzt erzählt er mir, dass er aus Mexiko stammt und seit November vergangenen Jahres hier ist. Seitdem wäscht er jeden Tag ab und die meiste Zeit davon befindet er sich im Silence, so wie damals auch, als wir zusammen in der Küche standen. Ich verstehe nun, warum er sich so verhalten hat. George ist von Beruf her Hubschrauberpilot und erzählt uns ausführlich, wie man so ein Gefährt steuert, eine durchaus gelungene Abwechslung. Ich verabschiede mich wenig später und kaufe mir noch 15 Päckchen mit verschiedenen Sorten Tee, die den von den abgegebenen Klamotten frei gewordenen Platz in meinem Koffer besetzen. Gegen 18:00 Uhr schaue ich mir in aller Ruhe den Sonnenuntergang vom obersten Punkt der Anlage an und beschließe, dies auch morgen noch einmal zu tun und dann im Anschluss mit dem Taxi das Kloster Richtung Flughafen zu verlassen. Mein Flug geht gegen 22:00 Uhr.

Nach diesem besinnlichen Erlebnis gehe ich noch zur Rezeption, um meinen Safe aufzulösen, in welchem ich am ersten Tag meinen Reisepass, mein Handy, einige Papiere und einiges an Geld habe einschließe lassen. Der zuständige Mönch fragt nach meiner Zimmernummer und verschwindet im Nebenraum. Es dauert eine lange Zeit, bis er wieder erscheint und sich erkundigt, ob ich denn überhaupt etwas abgegeben habe. Ich werde leicht hektisch und gebe ihm zu verstehen, dass dort mein Reisepass liegen müsse, den ich morgen benötige. Erstaunt über meine leichte Panik, beruhige ich mich dann aber schnell wieder. Falls die Sachen »gone« sind, was solls. Ich werde einen neuen Pass beantragen und ein paar Tage später nach Hause fliegen, ins Unglück stürzt mich das auch nicht. Ich werde in den Nebenraum gebeten, in dem ein großer Stahlschrank steht, in welchem viele beschriftete Tüten liegen. Erstaunlicherweise ist meine Tüte zwar da, aber es befindet sich nichts darin. Der Mönch fragt nach einem Formular, welches ich erhalten haben müsste, und sucht dort nach einer Nummer. Er wühlt erneut in dem Schrank herum und siehe da, es gibt noch eine Tüte mit meiner Nummer! Es war halt nicht meine Zimmernummer, sondern eine andere. Zum Glück befindet sich alles Abgegebene darin und ich verlasse erleichtert und mehrfach dankend die Rezeption. Mein Handy wiegt irgendwie schwer in der Hand und auch seine Größe hatte ich so nicht in Erinnerung. Ich lasse es ausgeschaltet und notiere in meinem Tagebuch:

*Learning: Das Handy werde ich auch zu Hause grundsätzlich ausschalten und zu Hause lassen, wenn ich in der Freizeit unterwegs bin.*

Zum Ausklang des Tages umrunde ich den Stupa, der heute besonders anmutig auf mich wirkt. Beim Drumherumgehen empfinde ich eine tiefe Dankbarkeit dafür, dass ich die letzten Wochen hier verbringen durfte und so viel erfahren habe. Ich sitze noch lange am Stupa und danke allen, die dies ermöglicht haben. Vanessa schenke ich meine letzten Teelichter und sie verspricht mir, diese nach meiner Abreise anzuzünden und dabei an mich zu denken. Es waren so viele Menschen, die ich hier getroffen habe und die mich begeistert, inspiriert und beschenkt haben. Alles ist perfekt gelaufen und meine Erwartungen wurden zu 120 Prozent erfüllt. Ich gehe noch einmal in die Meditationshalle und setze mich auf den Platz, auf dem ich während der Übungen gesessen habe. Die Halle ist still und leer, ich genieße das. Ich gehe im Geiste die Gesichter der Teilnehmer durch und es ist fast so, als würden sie gerade mit mir hier sitzen. Ich vermisse das Rascheln, das Husten und das leise Flüstern, die Abwesenheit der anderen stört mich sogar bei meiner Meditation. Verrückt. Völlig autark schwebe ich im Raum und bin anwesend, aber gleichzeitig weit weg.

Als ich im Bett liege, fällt mir auf, dass von oben keine

Geräusche mehr zu mir dringen und dies auch gestern nicht der Fall gewesen ist. Ich vermute, dass dort wahrscheinlich ein Gast, der jetzt abgereist ist, seine täglichen Prostrations gemacht hat. Komisch, dass ich nicht früher daran gedacht habe.

*Dienstag, 24.4.2012*

# Abflug

Mitten in der Nacht schrecke ich plötzlich aus dem Schlaf. Irgendetwas war auf meinem Gesicht! Im Halbschlaf habe ich es gespürt, es krabbelte dort herum und es muss größer als eine Mücke gewesen sein. Mir fällt es schwer, wieder einzuschlafen, und ich bilde mir jetzt auch ein, ab und an ein leises Rascheln im Zimmer zu hören. Ich sprühe mir mein Gesicht mit Autan ein und versuche zur Ruhe zu kommen, doch immer wieder vernehme ich leise Geräusche irgendwo im dunklen Raum. Während ich so daliege, fliegt dann trotz des Autan eine Mücke über meinem Kopf umher und entscheidet sich wohl letztlich dafür, lieber auf meiner Hand zu landen, was ich wenig später anhand des Juckreizes bemerke. Du herrlich achtenswerte Natur!

Am Morgen fühle ich mich relativ zerknittert: Was für eine unruhige Nacht! Ich lasse die Meditation ausfallen und gehe direkt zum Frühstück. Erst danach fällt mir ein, dass es ja das letzte Frühstück hier gewesen ist, und ich werde leicht sentimental. Ich preise innerlich die mir dargebotene Nahrung und spüre Dankbarkeit. Dann führe ich konzentriert eine 30-minütige Walking-Meditation durch und beobachte dabei den Boden mit all den kleinen Facetten und Nuancen, die man dort so entdeckt.

In meinem letzten Teaching bei Tom wiederhole ich

die Lehre des »Precious human Life« und stelle fest, dass ich diese grundsätzlich verinnerlicht habe. Theorie super, Praxis ... bleibt abzuwarten.

Nach dem Mittagessen packe ich über zwei Stunden meinen Koffer, da es schwierig ist, die hier erstandene Klangschale, die Buddha-Statue und die vielen Packungen Tee verstaut zu bekommen. Ich packe ein, packe um, packe aus, packe wieder ein und packe wieder um, worauf ich wieder auspacke. So geht das eine lange Zeit lang, bis ich irgendwann leicht erschöpft auf meinem prall gefüllten, aber rundum geschlossenen Koffer sitze und mir den Schweiß von der Stirn wische. Dann begebe ich mich für den Check-out zur Rezeption. Konzentriert tippt der zuständige Mönch die Summen für Zimmer, Vollpension und Kurs in einen überdimensionalen Solartaschenrechner und kommt auf knapp über 31.000 Nepalesische Rupien, was bedeutet: rund 300 Euro für 32 Tage Vollpension mit Unterkunft. Geht das irgendwo günstiger? Ich glaube kaum!

Ich gehe ein letztes Mal in die Bibliothek und verabschiede mich von den Büchern und der tollen Atmosphäre. Dann besteige ich den Hügel und verabschiede mich von der grandiosen Aussicht. Da mein Flug heute Abend um eine Stunde nach vorne gelegt wurde, kann ich leider nicht mehr wie geplant den Sonnenuntergang von hier aus beobachten. Weil es heute äußerst heiß ist, stört mich das aber nicht so sehr. Es scheint, als kündige sich so langsam der Sommer an. Ich schwitze bei jeder Bewegung und verspüre fast schon Vorfreude auf das kühle Deutschland. Der letzte Besuch in der Meditationshalle, das letzte Mal die ruhige und angenehme

Atmosphäre verspüren. Ich setze mich auf ein einziges Kissen, ich sitze gut. Mein letzter Tag in Nepal.

Ich erledige noch kleinere Arbeiten in meinem Zimmer, das ich, so gut es geht, wieder so herrichte, wie ich es vorgefunden habe. Eigentlich gibt es hinterher keine größeren Auffälligkeiten mehr, trotzdem hinterlasse ich der Putzfrau 500 Rupien Trinkgeld und meinen letzten Dauerlutscher. Dann ist es so weit, ich trage meine Koffer zum bestellten Taxi vor das Tor der Anlage und blicke mich ein letztes Mal um. Was haben mir die Tage hier gebracht? Einsicht, Entspannung, Aggression, Wende, Erkenntnis, Glück, Reue, Freunde, Gedanken an Leben und Tod. Das Taxi setzt sich in Bewegung, es holpert den Hügel herunter, stetig Richtung Flughafen, während die Sonne ihre letzten Strahlen verschenkt. Am Flughafen notiere ich die letzte Zeile in meinem Tagebuch:

*Learning: Lebe im Hier (an diesem Ort) und Jetzt (in diesem Augenblick) und die Tage sind lang und ergiebig.*

# Was hinterher geschah

Zurück in Deutschland, verschenkt der Autor dieses Werkes noch am Tag der Ankunft einen Großteil seiner Bücher und T-Shirts, wenig später dann seinen Fernseher, seinen Wäschetrockner und eine Menge seines Hausrats. Er kündigt seine Wohnung in Köln-Lindenthal und bezieht eine überraschend preiswerte Bleibe mit großem Garten in einem Landschaftsschutzgebiet in Stadtnähe. Jeden Abend freut er sich auf seinen langjährigen Job als Personalentwickler und auf seine Kollegen, zumindest die meisten. Er bildet sich in einem Crash-Kurs zum Seminarleiter für progressive Muskelentspannung fort und bietet freiberuflich Auszeittage in einem katholischen Kloster in der Eifel an, wo er die Erfahrungen aus Nepal weitergibt. Zwei Jahre nach seiner Rückkehr gründet er, darauf basierend, mit Freunden den Verein Spiegelzeit e.V.

# Spiegelzeit e.V.

Spiegelzeit e.V. ist eine Vereinigung von erfahrenen Personalentwicklern und Trainern. Der Verein bietet für Einzelpersonen, Gruppen und Unternehmen:

- ein- und mehrtägige Auszeiten
- Seminare zur Selbstreflexion
- individuelles Coaching

Die Seminare finden unter anderem in Klöstern und auf Bauernhöfen statt. Haben Sie Interesse, einmal eine kleine Auszeit, vielleicht erst einmal nur für einen Tag, zu erleben? Melden Sie sich einfach bei uns.

Wir freuen uns über Ihre Anfrage und Ihre Teilnahme. Weitere Infos zu den Referenten, zu den Seminaren und Terminen finden Sie auf: www.spiegelzeit.com oder schreiben Sie Jürgen Lenz eine Mail über: info@spiegelzeit.com.

**SPIEGEL**
**ZEIT e.V.**